LA DIVINITÉ
DE
LA RELIGION CHRÉTIENNE,
VENGÉE DES SOPHISMES
DE JEAN-JACQUES ROUSSEAU.

SECONDE PARTIE
DE
LA RÉFUTATION
D'EMILE OU *DE L'EDUCATION.*

A PARIS,
Chez DESAINT & SAILLANT, Libraires, rue S. Jean-de-Beauvais, vis-à-vis le Collége.

M. DCC. LXIII.

Avec Approbation, & Privilége du Roi.

PRÉFACE.

S'IL existe un Dieu, si l'homme est fait pour le connoître, si son cœur doit l'aimer, s'il doit y chercher sa félicité, l'Eternel a dû graver par-tout ces grandes idées, & elles doivent se trouver empreintes jusques sur les plus petites parties de notre être. Quiconque a des yeux peut en effet les découvrir par-tout; & celui qui se dit à lui-même ou veut persuader aux autres, qu'il ne voit & ne sent aucune de ces vérités, est plus digne de nos larmes que de nos raisonnements. Non, l'homme n'eſt point ici-bas, comme le prétendent de vains déclamateurs, un être iſolé & indépendant, une eſpèce de hors-d'œuvre dans l'Univers. Par cette portion de matière qu'il a de commun avec les êtres qui l'environnent, il tient à toute la nature : par l'eſprit qui anime ſon corps, mais qui, plus vaſte que l'Univers, en franchit quand il veut, l'eſpace & les limites, il tient d'une manière infiniment plus étroite à l'Etre immenſe qui renferme tout ; & la loi de cette double dépendance eſt ſi viſible, qu'on ne peut la méconnoître ſans renoncer à l'uſage de ſa raiſon. Une atten-

qui ferment volontairement les yeux à la lumière. Nous y verrons toujours d'une manière distincte tout ce qui nous est essentiel de sçavoir sur notre propre origine, sur nos devoirs & sur notre destination. L'Eternel ne pouvoit exiger nos hommages & nous prescrire un culte, qu'en donnant à sa parole la clarté & l'immobilité nécessaires pour la faire connoître aux esprits attentifs.

Nous avons démontré dans cet Ouvrage, que cette divine parole réunissoit tous ces caractères. Tous les efforts qu'on a faits dans tous les temps pour la détruire, n'ont servi qu'à augmenter ses triomphes : on n'a pu lui substituer que des systèmes absurdes, & des illusions grossières : l'impiété n'a pas rougi, pour parvenir à son but, d'attaquer les vérités les plus constantes : l'Eternel a disparu à ses yeux : l'Univers n'a plus été assujetti à des loix sages & constantes : l'ame a perdu sa spiritualité & son immortalité : l'homme est devenu une matière un peu mieux organisée : le culte de la Religion a été regardé comme l'ouvrage de la politique : l'autorité des Princes a passé pour tyrannie : la vertu n'a été que le fruit du préjugé : en un mot, on a cherché à ébranler les fondemens de toutes ces vérités. Notre ſiécle ſur-tout eſt devenu célèbre par tous les paradoxes que l'impiété a oſé mettre au jour. On a voulu approfondir, lorſqu'il falloit ſe ſoumettre; on s'eſt amuſé à diſcuter, lorſqu'il falloit croire; on a affecté des doutes, lorſqu'il falloit être convaincu. Une aveugle Philoſophie qui s'eſt répandue dans le monde, faſcine les eſprits & pervertit les cœurs: la fureur de dogmatiſer eſt égale aux progrès de la ſéduction: & l'on peut dire, ſans enthouſiaſme, que nous ſommes arrivés à ces temps où le puits de l'abîme ſera ouvert, où les faux Prophetes ſe multiplieront, & rempliront la terre de leurs menſonges, & entraîneront après eux une foule innombrable de ſectateurs.

L'Auteur d'Emile vient de groſſir le nombre de ces faux Prophetes, qui couverts du maſque de la vertu, répandent le poiſon de leur doctrine avec plus de facilité. Cet Ecrivain, que des idées ſingulières avoient d'abord rendu célèbre, qu'un ſtyle enchanteur avoit accrédité, & qu'une morale ſaine ſur certains points avoit fait rechercher, a tiré de ſon porte-feuille un Ouvrage, où, ſous un faux air de modération & d'impartialité, il essaie de renverser les preuves de la raison humaine, & de saper les fondemens de la révélation. Cet homme, né avec l'heureux talent de voir & d'exprimer mieux qu'un autre certaines vérités communes, de leur donner même, par l'énergie & la beauté de son style, un air de nouveauté, n'a fait cependant, dans son *Emile*, que s'approprier tout ce que les impies de tous les temps avoient imaginé contre les preuves de la révélation. On n'a pas été étonné de ne voir dans son Ouvrage que des doutes sans fondement, des argumens usés

& rebattus, & des raisonnemens dont la foiblesse démontre la fausseté. Cet Ecrivain, en copiant même les contradictions de nos Incrédules, n'en a pas moins ébloui les lecteurs superficiels, en leur donnant pour neuf ce qui a été tant de fois réfuté. Il a mis tout son art à ramasser dans tous les coins du Monde philosophe, toutes les petites difficultés qui peuvent répandre des nuages sur la Religion révélée. Aussi n'a-t-il fallu, pour dissiper ces nuages, que remettre sous les yeux tout ce que les Apologistes de notre Religion avoient établi. Nous n'avons eu besoin, pour détruire ses sophiſmes, que de raſſembler tout ce qui étoit répandu dans une infinité de bons Ouvrages dont on néglige trop aujourd'hui la lecture. Nous déclarons avec plaiſir, que nous n'avons rien dit que d'après les grands hommes qui nous ont précédés, & nous nous glorifions d'en avoir été les humbles Diſciples: heureux ſi les vérités que nous avons puiſées dans leurs Ouvrages, étoient l'unique régle de notre conduite.

L'Auteur d'*Emile* nous auroit donné un excellent Livre d'éducation, s'il avoit voulu, comme nous, puiſer dans les mêmes ſources: mais il a mieux aimé tout ramener à la décision d'une raison présomptueuse, qui veut asservir à son évidence prétendue, l'intelligence de de la révélation divine. Il n'a pas osé, à la vérité, regarder les Livres saints comme l'ouvrage de l'ignorance & de l'imposture : frappé sans doute de leur antiquité, & de la chaîne non interrompue de témoins non-suspects qui en attestent l'autorité, il n'a eu de répugnance qu'à admettre ce qui surpasse sa foible raison : il n'a point fait difficulté de détruire d'une main, ce qu'il édifioit de l'autre (*a*), en soutenant que ces

(a) Rousseau est plein de ces contradictions. Par exemple, dans son Ouvrage *contre les Spe-*

Livres, dont il a fait les plus grands éloges, renfermoient des absurdités. Mais Rousseau cherche à se faire illusion, en traitant d'absurdité ce qui est bien au-dessus de sa foible intelligence.

On convient, avec tous les

ctacles, il dit en propres termes, sur les divines Ecritures: : »Nul n'est plus pénétré que moi » d'amour & de respect pour le plus sublime » de tous les Livres. Il me console & m'in» struit tous les jours, quand les autres ne m'in» spirent plus que du dégoût«. Dans son Emile, il dit aussi »Que les faits de Socrates, dont » personne ne doute, sont moins attestés que » ceux de Jesus-Christ. . . . . Que l'Evangile » a des caractères de vérité si grands, si frap» pans, si parfaitement inimitables, que l'in» venteur en seroit plus étonnant que le hé» ros«. Dans sa Julie, on lit ces paroles: » Montrez-moi une régle assurée de la sagesse » humaine, & je la prendrai pour guide: mais » si la meilleure leçon est de nous apprendre » à nous défier d'elle, recourons à celle qui » ne trompe point«. Quand on tient un pareil langage, a-t-on bonne grace de répandre des doutes sur les Livres saints & sur la certitude de la révélation?

Défenseurs de la Religion Chrétienne, que rien de révélé ne peut être contraire à la raison suprême & infinie qui est en Dieu, & dont la nôtre n'est qu'un écoulement : mais cette petite étincelle de raison, obscurcie encore par les ténèbres du péché, est-elle capable de sonder les mystères, & doit-elle refuser de se soumettre, jusqu'à ce qu'elle ait jugé que ce qu'on lui propose ne contrarie point ses sombres lumières ? Donner à la raison la prééminence sur l'autorité, c'est livrer la révélation aux ténèbres d'une raison présomptueuse, qui opposera toujours mille contradictions

dictions apparentes, mille impossibilités prétendues à la révélation la plus expresse. On ne se connoît guères, si l'on ignore que la raison humaine, habile à contredire, est infiniment féconde en difficultés ; mais qu'elle est infiniment foible pour les résoudre, & pour se fixer immobilement au vrai.

Rousseau ne veut pas comprendre que la raison humaine est incapable de s'élever à ce qui appartient à une lumière d'un ordre supérieur, & que la foi seule peut nous rendre capables de connoître les vérités surnaturelles. N'est-on pas même en droit de dire avec l'Auteur du Spectacle de la Nature, que les vérités ſalutaires, comme les vérités naturelles, ſont également impénétrables à notre intelligence, & que Dieu ſe contente, pour notre état préſent, de nous en aſſurer la révélation ou la réalité, de nous en laiſſer entrevoir la beauté, & de nous en faire goûter l'excellence, ſans nous en dévoiler le fond? Il n'y a donc que l'exiſtence des choſes naturelles qui nous aſſure leur réalité, ſans nous en découvrir le principe; il n'y a de même que la révélation des choſes divines qui nous en certifie la vérité, ſans nous en manifeſter la pleine intelligence.

La raiſon a ſes droits, nous l'accordons à Rouſſeau; mais

elle a ses bornes. S'il lui est permis de peser les motifs de la Foi, elle en doit respecter la substance; & l'humble simplicité qui croit à Dieu sans hésiter, est infiniment plus sage qu'une philosophie curieuse, qui subtilise sur les mystères, & qui regarde comme absurde tout ce qu'elle ne comprend pas. Rousseau ne veut pas distinguer ces deux choses dans la Religion : pourquoi faut-il croire ? que faut-il croire? La raison humaine doit employer toutes ses forces à approfondir la première question; mais qu'elle respecte la seconde, & qu'elle ne s'avise point de la soumettre à ses lumières : assurons-nous que Dieu a parlé ; mais croyons à ſa parole, ſans aller examiner ſi elle s'accorde ou ne s'accorde pas avec notre foible raiſon. C'eſt en vain que nous voudrions percer ſes myſtères, tout eſt infini en lui, & il n'y a rien dans tout notre être que de borné.

Il n'y a donc rien de moins raiſonnable & de moins religieux, que de prétendre avec Rouſſeau, que la raiſon ſeule doive nous diriger dans l'intelligence des divines Ecritures ; en ſorte que la raiſon ſuſpende ſon conſentement aux textes les plus formels, juſqu'à ce qu'elle les ait conciliés avec ſes manières de penſer, & ſes ſyſtêmes philoſophiques. Le premier efſet d'une foi religieuſe, eſt d'impoſer ſilence aux contradictions de l'eſprit humain, aux fauſſes lueurs, aux caprices d'une raiſon aveugle qui ne ſe connoît pas elle-même, & qui n'a jamais pu encore réunir tous ſes partiſans dans l'idée de ſa propre nature.

Que Rouſſeau préfere donc à ſa raiſon, qui n'a enfanté juſqu'ici que des paradoxes & des contradictions, la Foi Chrétienne, cette ancre ferme qui fixe l'eſprit, qui l'attache conſtamment à la Vérité, ſans lui permettre d'errer au gré des flots, & de ſe laiſſer emporter à tous les vents des opinions humaines; qu'il entre dans les ſentimens ſi vrais & ſi humbles de S. Auguſtin (*a*), & qu'il diſe avec lui de tout ſon cœur : » Il n'appar- » tient pas à l'homme, Seigneur, » de juger ce que vous avez por- » té à un ſi haut point d'auto- » rité ; &, bien loin de nous éta- » blir Juges de ces divins Li- » vres, nous recevons avec une » ſoumiſſion reſpectueuſe tout » ce que nous y trouvons, & » même ce qu'ils ont d'impéné- » trable pour nous ; parce que » nous ſommes aſſurés que ces » choſes-là même qui ſont voi- » lées à nos yeux, ſont non- » ſeulement vraies, mais même » énoncées comme elles le doi- » vent être «.

(*a*) *Confeſſ. libr.* 12, *n.* 23.

Nous avons montré dans cet Ouvrage, la néceſſité de cette foi humble & religieuſe, en rétabliſſant la certitude de la révélation ; c'eſt à la foi ſeule qu'il eſt réſervé de calmer nos incertitudes, & de placer l'eſprit dans le point précis de la vérité, ſans qu'il ait beſoin, pour s'inſtruire de ſes devoirs, ni d'étude pénible, ni de recherches curieuſes : elle ſeule peut auſſi fixer les variations de l'eſprit humain, parce qu'elle eſt toujours la même dans tous les ſiécles, toujours indépendante des lieux, des temps, des nations & des intérêts.

Les miracles étant la principale preuve de la révélation,

nous avons cru devoir la développer un peu au long, en ne prenant pour guide que l'Ecriture & la Tradition. Pourroit-on mettre dans un trop grand jour la preuve victorieuſe des miracles, dans un ſiécle ennemi déclaré de tout ſurnaturel ? Des âges qui nous ont précédés péchoient par une crédulité ſuperſtitieuſe, & par un amour déréglé du merveilleux: le nôtre, plus éclairé & plus philoſophe, a ſenti cet excès: mais pour l'éviter, il eſt bien-tôt tombé dans l'excès contraire. A une critique judicieuſe, qui n'admet dans le genre extraordinaire, que ce qui eſt bien prouvé, a ſuccédé une critique hardie & fière de ſes lumières, qui rejette tout ce qu'elle n'entend pas, par cela ſeul qu'elle ne le peut comprendre. Sous prétexte de faire valoir les droits de la raiſon, on en a oublié le légitime uſage: de-là le pyrrhoniſme hiſtorique: la raiſon meſure la certitude des faits, non ſur le nombre, la gravité, la fidélité des témoins, mais ſur la poſſibilité ou l'impoſſibilité apparente de la choſe; & au lieu de dire, le fait eſt poſſible, puiſqu'il eſt conſtaté, elle décide qu'il n'eſt point arrivé, parce qu'elle le juge impoſſible. De-là le pyrrhoniſme dogmatique; la raiſon ne ſe borne plus à s'aſſurer qu'une autorité ſouveraine

& infaillible a parlé ; mais asservissant la révélation à ses connoissances, elle refuse d'admettre pour révélé, tout dogme qui lui paroît incompréhensible.

Nous avons montré dans cet Ouvrage, tous les abîmes dans lesquels tombe nécessairement la raison, livrée à ses propres ténèbres ; & nous avons prouvé en même-temps qu'il n'y avoit que la révélation divine qui eût droit de captiver l'intelligence humaine. Comme on ne conçoit que deux voies pour connoître les vérités révélées, la voie d'une autorité visible, & celle de l'examen particulier ; nous avons fait voir que ce seroit rendre le genre-humain bien malheureux, & faire injure à la bonté de Dieu, que de réduire chacun à la voie désespérante d'un examen, qui jetteroit les peuples dans des discussions moralement impossibles. Bénissons la divine miséricorde d'avoir établi sur la terre une autorité suprême, sur laquelle nous puissions nous appuyer, & qui nous serve d'un dégré ferme & solide pour parvenir jusqu'à lui. C'est ce qu'a fait Jesus-Christ en formant l'Eglise pour être la Maison de Dieu & la colomne inébranlable de la vérité : c'est afin que l'on pût se réfugier dans son sein avec une pleine assurance, qu'il l'a élevée à un tel comble d'autorité], que l'on ne pût ſe refuſer de lui donner la préférence, ſans une très-grande impiété, ou ſans une préſomption téméraire (*a*).

Après avoir démontré la vérité de l'Egliſe Catholique, nous avons fait un tableau de toutes les prophéties dont l'accompliſſement fournit une des principales preuves de la vérité de notre Religion. Le Déiſte & le Juif ne peuvent éluder la force de cette preuve, que par des ſophiſmes ridicules & des contradictions palpables. La ruine épouvantable du Peuple Juif, ſon aveuglement, ſa diſperſion

(*a*) Cui (Eccleſiæ) nolle primas dare, vel ſummæ profectò impietatis, vel præcipitis arrogantiæ. *S. Auguſt. Libr. de util. cred.*

ſa future converſion, & le projet de Julien de rebâtir le Temple, forment les principaux traits de ce tableau.

Que Rouſſeau péſe de bonne foi & avec impartialité l'aſſemblage de toutes les preuves de la divinité de la Religion Chrétienne, & il ſera étonné lui-même de ſes doutes & de ſes contradictions. En effet, l'enſemble de toutes ces preuves forme comme un corps de lumière capable de diſſiper tous les nuages : bornes & inſuffiſance de la raiſon humaine, néceſſité & certitude de la révélation divine, caractères éclatans qui la diſtinguent ; vérité des miracles de Moyſe & de ceux de Jeſus-Chriſt avoués par les Juifs & par les Payens, & d'un caractère au-dessus de tout soupçon d'imposture; témoignage unanime, constant & invariable que les Apôtres ont rendu à la résurrection de Jésus-Christ; témoignage revêtu de toutes les preuves de bonne-foi qu'il est possible de trouver en des témoins autentiques & irréprochables; miracles nombreux opérés par les Apôtres mêmes; courage & patience des Disciples de J. C. au milieu des tourmens; progrès étonnant & rapide de l'Evangile, fort différent de celui du Mahométisme; sainteté de la Religion Chrétienne, sublimité de ses dogmes, pureté de ses préceptes, conformité de ſes promeſſes aux vrais beſoins de l'homme ; effets tout céleſtes qu'elle produiſoit dans les eſprits & dans les cœurs de ceux qui devenoient Chrétiens ; caractère admirable de la Religion Chrétienne, qui ne ſemble avoir d'autre objet que la félicité d'une autre vie, & qui fait encore notre bonheur dans celle-ci ; accompliſſement exact de tant de prophéties de l'Ancien & du Nouveau Teſtament : en un mot, toutes les marques de divinité de la Religion Chrétienne ne peuvent être méconnues que par des hommes profondément aveugles, ou livrés à cette corruption du cœur qui fait déteſter la lumière. C'eſt en réuniſſant toutes ces preuves de la vérité de la Religion révélée, que nous avons fait diſparoître toutes ces objections uſées que l'éloquence de Rouſſeau n'a fait que rajeunir. Il ne nous reſte donc que de demander à Dieu qu'il triomphe encore aujourd'hui par les prodiges ſecrets de ſa grace, de la même incrédulité dont il triompha autrefois par les opérations éclatantes de ſa puiſſance ; & qu'il détruiſe, par ces lumières vives qui éclairent les cœurs plus efficacement que tous les diſcours humains, toute hauteur qui s'élève encore contre la ſcience de ſes Myſtères.

Fin de la Préface.

RÉFUTATION

RÉFUTATION DE JEAN-JACQUES ROUSSEAU,

AUTEUR

D'*EMILE* OU *DE L'ÉDUCATION*.

SECONDE PARTIE.

NOUS nous sommes bornés jusqu'ici à détruire les vaines objections que Rousseau a faites dans son Traité *De l'Education*, contre l'autorité des Miracles de la Religion Chrétienne. Mais aujourd'hui nous nous proposons de réfuter pleinement tous les faux principes que cet Auteur ose avancer contre la Religion. Nous démontrerons toute l'absurdité de ses maximes, le ridicule de ses sophismes &

l'impiété de ses blasphêmes. Nous ferons voir les contradictions grossières & palpables, où cet Auteur tombe continuellement. Semblable à un homme qui, dans l'obscurité d'une nuit épaisse, va errant çà & là, Rousseau, fermant les yeux à la lumière de la Vérité & plongé dans les ténébres de son ignorance, s'égare dans un labyrinthe d'idées & d'opinions qui se combattent & se détruisent mutuellement. Telle est la juste peine de la présomption de tout homme qui veut être à lui-même son unique guide dans la recherche du vrai. C'est ainsi que la sagesse de notre Foi se trouve justifiée autant par les égaremens de ses injustes adversaires, que par l'humble soumission de ses Défenseurs.

Quelle folle présomption dans Rousseau, de s'imaginer qu'il pourra, par de vaines & puériles déclamations, obſcurcir & anéantir une Religion ſi ſolidement établie, & ſi bien à l'épreuve de tous les traits de l'envie & de la malice des hommes! Comment pourroit-elle redouter un pareil ennemi, elle qui tant de fois combattue par de plus puiſſans adverſaires, a toujours vu tomber à ſes pieds les efforts combinés de l'erreur & de l'incrédulité? Toujours attaquée & toujours victorieuſe, les coups qu'on a voulu lui porter, n'ont ſervi qu'à lui donner un nouveau luſtre: ſa gloire même eſt d'être contredite, outragée & calomniée. Etrangère ici-bas, ennemie déclarée de tous nos penchans, elle ne peut manquer d'y rencontrer beaucoup d'oppoſitions: elle n'attend de paix que dans le Ciel, qui eſt le lieu de ſon origine, de ſes eſpérances, de ſon crédit & de ſa demeure: elle ne demande ni graces ni ménagemens ; tout ce qu'elle désire, c'est qu'on ne la condamne pas sans la connoître, & qu'on ne se prévienne pas contre elle avant de l'avoir entendue. Mais les incrédules, qui ont commencé par la haïr, sont bien aises de la méconnoître, afin de pouvoir la condamner : *Malunt nescire, quia jam oderunt.* Ils la défigurent par leurs mordantes satyres, parce qu'ils sentent bien qu'ils ne pourroient inspirer de la haine contre elle, s'ils la représentoient dans toute sa pureté. Aussi combien n'en a-t-on pas vu qui, trompés par de faux exposés, & ne haïssant la Religion Chrétienne, que parce qu'ils ne la connoissoient pas, ont cessé de la haïr, dès qu'ils l'ont connue ; & devenus Chrétiens zélés, on les a vu détester publiquement leurs injustes préventions, & professer hautement ce qu'ils avoient tant en horreur. C'eſt pour tâcher de diſſiper cette funeſte ignorance & éclairer les cœurs qui ont encore quelque reſte d'amour pour la Vérité, que nous nous propoſons de mettre ici dans tout ſon jour la Religion Chrétienne, & d'expoſer dans cette Réfutation, la multitude des preuves invincibles qui en démontrent la beauté, la grandeur & l'excellence.

Afin de ſuivre un certain ordre, je commencerai par un point ſur lequel je crois devoir inſiſter, parce que tous les autres en dépendent, & qu'il en eſt comme la baze & le fondement. Ce point conſiſte à découvrir la cauſe & l'origine de toutes les miſères auxquelles notre ame & notre corps ſont aſſujettis dès l'enfance. Voici comment Rouſſeau en parle (*a*) : » Pourquoi, *dit-il*, mon ame eſt-elle ſou-

(*a*) *Tom.* 3, p. 121.

» mise à mes sens & enchaînée à ce » corps qui l'asservit & la gêne ? Je » n'en sçais rien : suis-je entré dans » les décrets de Dieu ? Mais je puis, » sans témérité, former de modestes » conjectures. Je me dis, si l'esprit de » l'homme fût resté libre & pur, quel » mérite auroit-il d'aimer & suivre » l'ordre qu'il verroit établi, & qu'il » n'auroit nul intérêt à troubler ? Il » seroit heureux, il est vrai, mais il » manqueroit à son bonheur le dégré » le plus sublime ; la gloire de la ver- » tu & le bon témoignage de soi ; il » ne seroit que comme les Anges, & » sans doute l'homme vertueux sera » plus qu'eux ».

Dans son second Volume, Rousseau avoit embrassé un autre systême : « Posons pour maxime, avoit-il » dit, que les premiers mouvemens » de la nature sont toujours droits. Il

» n'y a point de perversité originelle » dans le cœur humain. Il ne s'y trou- » ve pas un seul vice, dont on ne » puisse dire comment & par où il y » est entré ». On sent aisément la contradiction de ces deux Textes. Dans celui-ci, Rousseau prétend que l'homme nait sans aucune impureté, sans aucune souillure ; & dans l'autre, il reconnoît que l'homme n'est point demeuré pur, & que sa première liberté a été affoiblie. Mais comme il est bien éloigné d'en attribuer la cause à un péché Originel, il la cherche dans de vaines conjectures que lui fournit son imagination : elles n'ont pour but que d'anéantir la foi d'un péché Originel, sous le spécieux prétexte de procurer au bonheur de l'homme un degré plus sublime, & à sa vertu un plus grand éclat. Pour montrer à Rousseau la témérité de ses *modestes conjectures*, ſuivons l'homme depuis le berceau juſqu'à ſon entrée dans le tombeau.

Quel étonnant ſpectacle que celui de notre enfance ! Les douleurs & les travaux qu'on ſouffre pour nous donner le jour, ſont une annonce certaine des misères où nous allons entrer. Encore incapables d'exprimer par nos diſcours ce que nous ſentons & ce que nous ſommes, nos cris & nos gémiſſemens publient déja nos afflictions & nos malheurs. Miſérables dès ce premier moment, ſans ſçavoir que nous le ſommes, & ſans connoître même que nous exiſtons, que notre état eſt digne de larmes & de compaſſion ! Nés avec une raiſon qui nous éléve au-deſſus de tous les Etres créés qui compoſent ce monde, combien de tems ne ſommes-nous pas ſans en pouvoir faire aucun uſage ? Cette raiſon enſevelie dans les ſens, par combien de travaux, de peines & d'efforts ne ſe développe-t-elle pas ? Nous ſommes faits pour connoître la vérité ; nous la déſirons ardemment ; nous y tendons de tout le poids de notre eſprit. Cependant ce bien qui nous eſt ſi naturel, ſi analogue, nous fuit & nous échappe : voulons-nous le ſaiſir & y atteindre, ſa lumière nous éblouit & nous confond, nos yeux foibles & obſcurcis ne peuvent en ſoutenir l'éclat, & nous ſommes obligés de lâcher priſe, dans le tems même que nous eſpérions tenir & poſſéder ce que nous pourſuivions. Mais ce n'eſt encore là qu'une légère peinture des difficultés que nous avons à ſurmonter dans la recherche de la Vérité. Tout nous abuſe, tout nous ſéduit, tout nous trompe : notre imagination, par ſes faux rapports ; nos ſens , par leurs illuſions & leurs funeſtes impreſſions ; la coutume & les opinions , par le triſte empire qu'elles exercent ſur nos eſprits : tout au-dedans & au-dehors, nous tend des piéges pour nous égarer. L'erreur ſe ſert , pour nous ſéduire , de l'ardeur même que nous avons pour la Vérité ; & , par le plus déplorable de tous les malheurs , cette Vérité , que nous aimons & que nous cherchons uniquement , devient pour nous une occaſion de toute ſorte d'égaremens. Nous nous attachons aux erreurs les plus groſſières ; & pour tout fruit de nos veilles & de nos travaux , nous ne recueillons ſouvent que les opinions les plus fauſſes & les plus extravagantes , que nous embraſſons encore avec autant d'avidité que les plus grandes vérités.

Telle eſt la triſte ſituation de l'homme laiſſé à lui - même à l'égard de la Vérité. Si de-là nous paſſons à la félicité & au bonheur qu'il pourſuit de toute ſon ame, quelle étonnante contradiction ne ſerons - nous pas ſurpris d'y découvrir ! Il déſire paſſionnément d'être heureux, & combien de moyens différens ne prend-t-il pas pour y parvenir ? Sa volonté n'ordonne jamais la moindre démarche qu'elle n'ait cet objet en vue. Il eſt la baſe, le motif & la fin de toutes ſes actions. C'eſt lui qui la remue, qui la tient continuellement en haleine, & qui la porte à tant de partis ſi différens. Que d'efforts, que de ſoins, que de travaux durs & pénibles pour parvenir à ce grand objet où le cœur tend de toute ſa plénitude ! Mais, ô bonheur, que vous ſemblez être loin de nous ! Votre vue nous ſoutient & nous anime ; nous ſommes dans une agitation continuelle pour vous trouver ; nous efpérons à chaque fois vous rencontrer & vous faifir, & toujours vous nous fuyez, toujours vous trompez notre attente, & nous retombons dans nos misères avec un nouveau fentiment de douleur & d'amertume. Depuis que le monde exifte, qui a jamais pu fe flatter d'être parvenu, par les lumières de fa raifon & les fecours de la nature, à ce terme où tous les hommes afpirent ? Princes & fujets, grands & petits, favans & ignorans, jeunes & vieux, de tous les tems & de tous les pays, tous fe plaignent également de s'être fatigués fans fuccès dans la recherche d'un bien, qu'ils follicitent cependant avec tant d'ardeur. Mais ce qu'il y a de plus déplorable & de plus étrange, ce qui montre clairement la perverfité & l'égarement de l'homme, c'eft que tout ce que la nature peut nous présenter de plus vil & de plus méprisable, a tenu lieu à l'homme de sa fin & de son bonheur. Astres, élémens, plantes, animaux, guerres, crimes & désordres, tout lui est devenu bon, tout a été mis en œuvre pour réparer & remplacer le vrai bien qu'il avoit perdu. Il n'est pas jusqu'à sa propre destruction qui ne lui ait paru un moyen sûr de le recouvrer. Voilà la triste condition de l'homme à l'égard du vrai bien, comme à l'égard de la Vérité. Il aime la Vérité, il la désire, & il ne trouve en lui que ténébres, que confusions d'idées, qu'incertitudes. Il cherche le bonheur, & il ne trouve qu'un amas prodigieux de toutes sortes de misères. N'est-il pas visible que l'homme est égaré, qu'il est déchu de son premier état? Que nous crie cette avidité & cette impuissance, si ce n'est que l'homme autrefois a joui d'un véritable bonheur, dont il ne lui reste aujourd'hui que la marque & la trace toute vuide, qu'il essaie inutilement de remplir par tout ce qui l'environne? « Tout annonce, » comme le dit Pascal, que l'homme » est un Roi, mais un Roi détrôné, » qui porte dans son sein un sentiment » continuel de sa première condition, » & qui conserve, même malgré lui, » un violent désir d'être rétabli ». On apperçoit encore en lui des restes de sa première grandeur & quelques marques de son ancienne dignité : mais on sent aussi, & l'homme le publie partout, qu'il a été dégradé, dépouillé & exilé, parce qu'il est devenu prévaricateur. Car enfin, si l'homme n'avoit été corrompu, & s'il n'étoit devenu pécheur, il devroit jouir de la Vérité & de la félicité avec une pleine aſſurance ; & ſi l'homme n'avoit jamais été que corrompu , il n'auroit aucune idée ni de la Vérité , ni de la béatitude. Mais, malheureux que nous ſommes ! nous avons une idée du bonheur , & nous ne pouvons y arriver. Nous ſentons une image de la Vérité, & nous ne poſſédons que le menſonge : incapables d'ignorer abſolument & de ſavoir certainement , tant il eſt manifeſte que nous avons été dans un dégré de perfection , dont nous ſommes malheureuſement tombés !

Pour en fournir une preuve complette , conſidérons toute la peſanteur & l'étendue du joug terrible qui accable les enfans d'Adam. Dès notre origine nos ſens ſont révoltés contre la raiſon ; elle ſe trouve dominée par la chair , & notre ame en devient l'eſclave. Toutes les paſſions nous tyranniſent tour à tour , ſouvent même toutes ensemble. Plongés dans les ténébres d'une profonde ignorance, & frappés de la playe d'une concupiscence universelle, nous hésitons sur nos principaux devoirs, nous prenons à chaque instant le change. Le plus petit bien a souvent pour nous des difficultés insurmontables; & le mal, quelque énorme qu'il soit, a pour nous des attraits séduisans. Toutes nos pensées sont tournées vers le mal, avant même de l'avoir commis par un acte de notre propre volonté; toutes nos facultés sont souillées & viriées. Nous sentons au dedans de nous une guerre continuelle; ce n'est dans notre propre sein que sédition, que révolte; tout s'oppose au bien que nous voudrions faire, & tout nous porte & nous entraîne au mal que nous fuyons & que nous détestons. Un poids dur & pénible, contre lequel nous sommes

mes obligés de luter ſans-ceſſe, nous tient continuellement penchés vers les objets terreſtres & ſenſibles. En un mot l'homme fait pour être ſpirituel, même dans ſa chair, parce que l'eſprit devoit y préſider, eſt devenu charnel juſques dans l'eſprit, parce que la chair en le ſubjugant exerce ſur lui un empire tyrannique. Un orgueil ſecret & inconcevable nous tourmente ſans fin, nous ronge & nous dévore : ſes replis ſubtils & ſes détours cachés nous en rendent le jouet perpétuel ; tout lui ſert, il ſe nourrit des coups même que nous lui portons ; & dans ſa défaite il trouve un nouveau moyen de triompher. Son poiſon ne laiſſe ſubſiſter en nous qu'une ombre & qu'une apparence de vertu dont il fait ſes délices ; & n'en retenant au plus que l'éclat & les dehors, il agit ſans ceſſe pour en ruiner l'eſprit & la réalité. Tant de maux & d'afflictions ne ſont pas ſeulement propres à quelques-uns ; ils ſont communs à tous, tous en reſſentent la force & la violence. Les plus vertueux, les plus vigilans ſur eux-mêmes ſont ceux qui les ſentent encore mieux ; ils éprouvent chaque jour ces funeſtes diſpoſitions d'une nature viciée & corrompue ; elles ſont pour eux la matière d'un gémiſſement & d'un combat continuel. Que nous crie donc ce cahos & cette confuſion monſtrueuſe, ſinon la vérité des deux états de l'homme ! Ils nous crient avec une voix ſi puiſſante, qu'il eſt impoſſible d'y réſiſter.

En vain voudra-t-on perſuader à l'homme qu'il n'eſt point déchu de ſon premier état, ſon expérience journalière, ſon propre ſentiment ne ceſſeront de donner un démenti formel à ces groſſiers impoſteurs qui cherchent à nous ſéduire.

L'homme eſt quelque choſe de ſi affreux & de ſi hideux à ſes propres yeux, qu'il ne peut ſe ſupporter, ſe voir & ſe conſidérer ſans effroi. C'eſt-là l'origine & la cauſe de ces agitations perpétuelles où il paſſe ſa vie. Son unique ſoin eſt de tâcher de s'oublier ſoi-même, en s'occupant d'une multitude d'objets qui puiſſent détourner ſes regards de deſſus lui. Comme il ne trouve rien en lui qui puiſſe le contenter, qu'il n'apperçoit rien qui ne l'afflige; il évite de ſe ſentir, & il cherche, dans l'application aux choſes extérieures, à perdre de vue ſon véritable état, & à s'étourdir ſur ſes misères exceſſives. Veut-on rendre l'homme miſérable? il ſuffit de le condamner au ſilence & au repos, & l'obliger de vivre avec lui-même. Il déplorera bientôt ſa condition, parce qu'alors, entiérement livré à ſoi, il ſe ſentira accablé de tout le poids de ſa misère. C'eſt auſſi ce qui rend aux hommes la priſon un ſupplice ſi horrible, & ce qui fait que peu de perſonnes ſont capables de goûter les douceurs de la ſolitude. Quel phénomène & quel prodige de contradiction l'homme eſt-il donc! Il s'aime & n'aime que lui; & il ne peut s'enviſager ſans tomber auſſi-tôt dans la triſteſſe & le chagrin. Tout ce qu'il cherche au-dehors n'a d'autre fin que lui-même; & il ne hait rien tant que d'être ſeul avec ſoi. Il ſe fuit autant qu'il peut, & ſon oubli fait ſa joie. N'en ſoyons pas étonnés: il ne trouve en lui qu'un amas de misères inévitables, & un vuide général de tous les biens réels & ſolides. Mais que l'homme eſt vain & léger, puiſqu'au milieu de tant de juſtes cauſes d'ennui, la moindre bagatelle ſuffit pour l'amuſer!

Qu'il eſt aveugle, puiſqu'il met tout ſon bonheur à courir après des phantômes & des objets ſi vils & ſi mépriſables, qui ſeroient incapables d'occuper ſon eſprit, s'il n'avoit perdu le goût & le ſentiment du vrai bien ! *Quelle chimère eſt-ce donc que l'homme*, s'écrie le grand Paſcal ! *quelle nouveauté ! quel cahos ! quel ſujet de contradiction ! juge de toutes choſes, imbécille ver de terre, dépoſitaire du vrai, amas d'incertitude, gloire & rebut de l'Univers. S'il ſe vante, je l'abaiſſe ; s'il s'abaiſſe, je le vante, & le contredis toujours, juſqu'à ce qu'il comprenne qu'il eſt un monſtre incompréhenſible.*

Les misères & les maux que je viens de tracer, ne ſont pas les ſeuls dont nous ſoyons affligés. Combien d'autres d'une nature différente concourent avec les premiers, pour former ce fleuve d'afflictions qui inonde toute notre vie dès la naiſſance ! Une main inviſible nous pourſuit ſans ceſſe, & ne nous donne aucun relâche. Nous ne ſommes délivrés d'un genre d'affliction, que pour tomber dans un autre plus pénible & plus douloureux. La crainte & le trouble, la terreur & l'effroi ſont autant de bourreaux qui nous ſuivent par-tout comme des criminels. Point de repos pour nous ni la nuit, ni le jour. Lorſque tout ſemble calme & tranquille, que nous commençons à nous délaſſer des fatigues du jour, & qu'à peine nous avons goûté les douceurs d'un premier ſommeil, une imagination vive & déréglée nous préſente toute ſorte de monſtres & de phantômes, & nous nous trouvons alors comme une ſentinelle pendant le jour. On croit être pourſuivi par un ennemi furieux, comme dans un jour de combat. Ce n'est qu'en s'éveillant en sursaut qu'on se sauve de cette crainte: on a peine à se remettre d'une épouvante si étrange, & on s'étonne d'avoir trouvé tant de péril au milieu même d'une entière sûreté. Que dirai je encore de ces maladies accablantes répandues sur toute chair? Qui peut compter les douleurs & les tourmens si multipliés que nous souffrons chaque jour dans nos membres? Nous expirons à chaque instant; & pour comble de malheur, ce corps qui s'affoiblit & se corrompt sans-cesse, fait ressentir à l'ame tout le poids de sa langueur. Il appesantit & abbat notre esprit, & lui ôtant le peu de vigueur qui lui reste, il le rend presque incapable de toute application. S'il veut s'élever à la contemplation des vérités célestes, ce corps mourant & chargé de douleur émousse sa vivacité ; il le fait bientôt retomber dans les sens ; & replongé dans les images dont ils le remplissent, l'homme ne peut retrouver un cœur qui s'égare, & un esprit qui se dissipe.

C'est enfin par tant de maux que l'homme si amateur de la vie arrive à la mort dont sa nature a tant d'horreur, & à quelle mort ? Souvent mort tragique, mort funeste, mort cruelle, par l'épée dans le combat, par l'oppression, la peste, la *famine*, & l'accablement de tous les fléaux de la vengeance Divine. N'est-il pas visible que l'Univers entier n'est qu'une assemblée de coupables, que la Justice de Dieu fait passer par une infinité de tortures, avant de les exécuter par les différens supplices auxquels elle les a condamnés ? Connoissez donc, superbe, quel paradoxe vous êtes à vous-même. Humiliez-vous, Raiſon impuiſſante : taiſez-vous Nature imbécille, apprenez que l'homme paſſe infiniment l'homme, & entendez de votre Maître votre condition véritable que vous ignorez. (*Paſcal*)

En effet, que Rouſſeau nous diſe comment, ſous un Dieu juſte, le genre humain peut être accablé de tant de maux, s'il n'eſt coupable dès ſa naiſſance. Regardez, lui dirons-nous après S. Auguſtin, regardez cette enfance laborieuſe, de quels maux n'eſt-elle pas opprimée ? Parmi quelles vanités, quels tourmens, quelles erreurs & quelles terreurs prend-elle ſon accroiſſement ? Quand on eſt grand, & qu'on veut même ſe conſacrer entiérement au ſervice de Dieu, combien de dangereuſes tentations par l'erreur qui nous veut ſéduire, par la volupté qui nous entraîne, par la douleur & l'ennui qui nous abattent, par l'orgueil qui nous enfle & nous éléve? Qui pourroit expliquer ce joug pesant dont sont accablés les enfans d'Adam, ou croire que sous un Dieu bon, sous un Dieu juste, on dût souffrir tant de maux, si le péché Originel n'avoit précédé? Il n'y a pas de milieu : Dieu est injuste, ou impuissant, ou l'homme est coupable : *Quid igitur restat, nisi ut causa istorum malorum sit, aut iniquitas, vel impotentia Dei, aut pœna primi veterisque peccati* (*a*)? Or Rousseau soutient, aussi-bien que nous, que (*b*), *celui qui peut tout, ne peut vouloir que ce qui est bien*; que l'*Etre souverainement bon, parce qu'il est souverainement puissant, doit être aussi souverainement juste, autrement il se contrediroit lui-même; car l'amour de*

(*a*) S. Augustin.
(*b*) *Tome III*, pag. 82.

l'ordre qui le produit s'appelle Bonté, *& l'amour de l'ordre qui le conserve, s'appelle* Justice. Puis donc que Dieu n'est ni injuste, ni impuissant ; que Rousseau confesse avec nous, qu'un joug si dur & si pesant ne seroit pas imposé aux enfans d'Adam depuis le jour de leur sortie du sein de leurs mères jusqu'à celui de leur entrée dans le sein de leur mère commune, s'ils ne l'avoient mérité par le crime de leur origine.

Un Dieu si amateur de l'ordre, peut-il donc être l'Auteur du désordre que nous sentons dans toutes les parties de notre être ? Peut-il avoir formé l'homme avec toutes ces perverses inclinations, qui se déclarent tous les jours de plus en plus ; avec cette pente prodigieuse qu'il a à s'assujettir à toute autre chose qu'à son Seigneur naturel ? Tant de contradictions réunies en nous, peuvent-elles avoir sa sagesse pour principe ? Qui seroit assez impie pour oser soutenir que le Dieu saint excite en nous ces combats continuels de la chair contre l'esprit, cette révolte si générale de toutes les passions ; que c'est lui qui allume en nous ces traits enflammés d'une cupidité qui nous consume, même malgré nous ? Qui seroit assez téméraire & insensé, pour prétendre que le Dieu de l'innocence & de la pureté produit dans nos membres cette Loi de péché, toujours en guerre avec la Loi de la raison & de l'esprit ; qu'il y fomente & y nourrit ces attraits si séduisans, qui tantôt en secret, tantôt au-dehors nous provoquent & nous attirent par l'appas des objets sensibles ? Enfin un déreglement & une concupiscence si universelle, qui du sein de cette maison de boue que nous habitons, ne cesse de répandre les exhalaisons les plus corrompues; qui fait tous ses efforts pour captiver & soumettre à ses désirs l'image de notre Prince, & pour achever d'exterminer ce qui nous reste des bienfaits de notre première condition; une source si impure, une cause si féconde en tant de maux, si digne de nos larmes & de nos gémissemens, peut-elle avoir une autre origine que le crime de notre nature? Que peut-elle être, si ce n'est le juste supplice de la révolte & de la désobéissance où nous sommes tous tombés en Adam notre père? Pour avoir voulu en lui & par lui nous tirer de la juste dépendance où nous devions être à l'égard de notre Dieu; dès-lors nous avons mérité de perdre l'empire que nous avions sur nous-mêmes & sur toutes choses: dès-lors il a été juste que tout ſe ſoulevât en nous contre nous-mêmes, & qu'à ſon tour la chair ſecouât le joug d'une Raiſon rebelle à ſon Dieu.

C'eſt en vain que Rouſſeau, pour éluder la force de toutes ces raiſons, veut nous oppoſer la téméraire modeſtie de ſes fauſſes conjectures. C'eſt en vain qu'à la vraie cauſe de nos misères il s'efforce d'en ſubſtituer une tirée de ſon imagination, qu'il croit propre à tout concilier. « Pourquoi, » nous a-t-il dit, mon ame eſt-elle » ſoumiſe à mes ſens, & enchaînée à » ce corps qui l'aſſervit & la gêne? Je » n'en ſçais rien : ſuis-je entré dans » les Décrets de Dieu? Mais je puis, » ſans témérité, former de modeſtes » conjectures. Je me dis, ſi l'eſprit » de l'homme fût reſté libre & pur, » quel mérite auroit-il d'aimer & ſui» vre l'ordre qu'il verroit établi, &

» qu'il n'auroit nul intérêt à troubler ? » Il seroit heureux, il est vrai ; mais il » manqueroit à son bonheur le dégré » le plus sublime, la gloire de la ver- » tu & le bon témoignage de soi ». Belle manière d'expliquer les maux sans nombre qui nous accablent ! faut-il donc faire Dieu injuste, pour rendre l'homme juste & bon ? Peut-on dire qu'il ne l'est pas, s'il punit l'innocent avant qu'il l'ait mérité ? L'affliger & l'opprimer sans d'autre motif que celui de le rendre capable de mérite & de vertu ; c'est un prétexte indigne de sa grandeur & de sa bonté : *Cùm ergo sis justus, justè omnia disponis : ipsum quoque qui non debet puniri, condemnare, exterum æstimas à tua virtute* (*a*). La raison concourt avec la Foi pour établir cette vérité ; & l'idée de Dieu que Rousseau nous

(*a*) *Sap. XII.*

a tracée plus haut, ne ſçauroit ſe concilier avec ſa chimérique conjecture. Quel blaſphême & quelle impiété de croire que le Dieu trois fois Saint rendît impure & ſouillée la pureté de l'innocent, & commençât par nous faire perdre le mérite de l'innocence, pour nous faire remporter celui de la victoire & de la patience! Mais, non. Si Dieu eſt auteur de la révolution arrivée dans notre nature; ſi c'eſt lui qui y a produit cette révolte que nous éprouvons ſans ceſſe, l'homme ne doit plus combattre contre lui-même. La concupiſcence venant de Dieu ne peut être un mal auquel il doive s'oppoſer. Qu'il y conſente, qu'il s'y livre à plaiſir; lui réſiſter, ce ſeroit faire injure à l'ouvrage de Dieu; ce ſeroit s'oppoſer aux mouvemens qu'il nous inſpire. Ainſi, que déſormais les Loix humaines ne prétendent plus

s'arroger

s'arroger le droit de réprimer les effets extérieurs de notre concupiſcence. Leur appartient-il de réformer ce que Dieu a fait, & de changer la ſainte inſtitution de notre nature ? O le bel Evangile ! la ſublime Morale ! qu'elle eſt bien digne d'un Rouſſeau ! Les modeſtes conjectures, qui tendent à tout renverſer & tout confondre, à autoriſer tous les crimes & les déſordres, à diviniſer & ſanctifier toutes les paſſions, & ouvrir au libertinage une pleine & libre carrière !

Mais allons plus loin. Que Rouſſeau nous montre l'application qu'il pourra faire de ſes modeſtes conjectures à l'état des enfans. Pourquoi, lui demanderons-nous, cette enfance eſt-elle accablée de tant de maux ? pourquoi eſt-elle livrée à tant de douleurs & de tourmens ? couverte de tant de vices & de défauts ? Pourquoi, privée de l'uſage de ſa raiſon, arrive-t-il ſouvent qu'elle ne la recouvre pas même dans l'âge le plus avancé ? Rouſſeau ne pourra nous répondre que tout ceci eſt fait pour exercer ſa vertu, puiſque ſon état la rend incapable de tout exercice de vertu, & qu'alors elle n'eſt pas plus ſuſceptible de mérite que de démérite. Comment donc le Dieu juſte pourroit-il affliger de tant de maux notre enfance ? comment un Dieu ſi bon pourroit-il décharger ſur ſa propre image tous les traits de ſa colère, dans un tems où par elle-même elle ne peut ni les avoir mérités, ni en tirer aucun avantage, ſi à ſes yeux elle n'étoit criminelle & digne, par ſon origine, d'être frappée de toutes ces plaies ? Que les misères de l'enfance forcent donc Rouſſeau d'admettre un péché Originel, s'il ne croit pas que Dieu ſoit un Dieu injuſte.

C'eſt la vue de toutes les misères que nous ſouffrons depuis notre naiſſance juſqu'à la mort, qui a forcé les Philoſophes payens, qui n'avoient jamais oüi parler du péché Originel, de ſoutenir & d'enſeigner que nous n'étions dans ce monde, que pour être punis des péchés commis dans une autre vie ; & que le corps étoit à notre ame un ſupplice ſemblable à celui que les Pirates d'Etrurie faiſoient ſouffrir à leurs captifs, en les attachant tout vivans à des corps déja corrompus. Ces Philoſophes ne pouvoient concevoir qu'un tel ſupplice pût exiſter dans un monde gouverné par un Dieu juſte, ſans quelque péché précédent qui l'eût mérité. C'eſt ce qui les obligeoit de donner aux ames une vie hors du corps, où ſuppoſant qu'elles s'étoient abandonnées au crime & au déſordre, ils en conclüoient qu'elles avoient été précipitées dans cette prison du corps & dans toutes les misères qui en sont la suite, pour y satisfaire à la Justice Divine.

Voilà ce que pouvoient dire de plus apparent les hommes qui ignoroient la chute du genre humain dans son Auteur. Mais comme cette préexistence des ames n'a d'autre réalité que celle que leur imagination lui a donnée ; qu'elle n'a aucun fondement solide, & qu'elle est démentie, non-seulement par les lumières de notre raison, mais encore par notre propre sentiment ; que nous reste-t-il de mieux à admettre que le péché Originel, qui, tout incompréhensible qu'il est, est cependant l'unique & le plus simple moyen pour tout concilier ? Sans lui quel jugement peut-on porter des défauts communs à tous les hommes & qui naiſſent avec eux ? comment s'empêcher d'en regarder Dieu comme l'auteur ? quel moyen aura-t-on de concilier tant de grandeur & de nobleſſe, avec un ſi grand fond de foibleſſe & de baſſeſſe ? Mais tout s'éclaircit dès que je ſçais que l'état où je vois l'homme, n'eſt pas celui où Dieu l'avoit mis. Je ceſſe d'être étonné de voir dans la misère un ſujet rebelle & diſgracié. Je ne trouve plus de contrariété dans l'ouvrage de Dieu, je n'en trouve que dans ce qui eſt reſté de ce grand ouvrage, & les altérations que le péché de l'homme y a faites : dès que je ſuis inſtruit du changement arrivé dans ma première condition ; dès que je ſçais que je ſuis né pécheur, tous mes doutes ceſſent, toutes mes perplexités s'évanouiſſent, & les difficultés qui m'embarraſſoient ſe diſſipent ſans peine.

Rouſſeau cherche en vain à juſtifier la Providence contre certains Philoſophes qui oſent l'attaquer : il ne le pourra jamais faire d'une manière ſolide & triomphante , qu'en poſant pour premier principe un péché Originel. Sans ce ſecours , pour éviter un écueil , il ſe précipite néceſſairement dans un autre : l'Athée & le Matérialiſte lui oppoſeront toujours des difficultés inſurmontables. Quel eſt ce Dieu , lui diront-ils , qui , ſans cauſe ni raiſon , nous a formés avec un corps nud , fragile , infirme & mortel ? Quelle eſt cette ame ſpirituelle par ſa nature , qui ſans être coupable ni criminelle , eſt devenue ſemblable aux bêtes , que les terreurs troublent & déconcertent , que les douleurs inquiétent & agitent, que les paſſions & les cupidités les plus déréglées tyranniſent & aſſerviſſent ?

J'avouerai & je conviendrai ſans peine, que rien n'irrite plus notre ſoible raiſon, que ce grand myſtère de la tranſmiſſion d'un péché commis depuis tant de ſiécles. Mais ſi nos foibles lumières ne peuvent y atteindre, il devient ſenſible par l'état déplorable du genre humain, il devient néceſſaire par l'idée que nous avons d'un Dieu juſte & bon, qui ne peut rendre malheureux des innocens & les tourmenter à plaiſir. Ainſi l'obſcurité du premier point ſe trouve prouvée & éclaircie par l'évidence, & la certitude des deux derniers, eſſentiellement liés avec lui. La manière, il eſt vrai, dont ce péché a paſſé juſqu'à nous, eſt impénétrable & couverte d'obſcurité : mais convenons auſſi que de ce point ſi voilé, il ſort une lumière qui éclaircit tout; & ſi, parceque nous ne pouvons comprendre ce point, nous nous obſtinons à le rejetter, nous n'entendons plus rien dans tout le reſte : Dieu, l'Homme, & l'Univers, rentrent auſſitôt pour nous dans un abîme d'obſcurité où nous ne pouvons rien découvrir : au lieu que la ſoumiſſion de notre raiſon à ce point unique eſt récompenſée par l'intelligence d'une multitude d'autres, tout le reſte devient clair & lumineux. Dieu, l'Homme, & l'Univers ſe préſentent à moi ſous un point de vûe où je diſcerne tout ce qui m'étoit auparavant caché.

Quelques réflexions pourront encore nous faire ſentir l'équité des jugemens que Dieu exerce ſur nous dans la communication du péché Originel : elles acheveront de montrer combien l'Incrédule eſt peu fondé à prétendre que le péché Originel eſt contraire à la ſaine raiſon.

Nous sçavons tous l'amour & la tendresse que Dieu a inspirée aux parens pour leurs enfans. Nous sçavons que les maux des enfans sont plus douloureux & plus sensibles aux pères, que les leurs propres : ils sacrifieroient volontiers leur vie pour conserver celle de leurs enfans ; parce qu'ils ne veulent vivre que pour eux, que tout leur désir est de se voir renaître en eux, & de les rendre heureux un jour. Ce caractère paternel a dû se trouver principalement dans celui qui étoit, non-seulement le premier de tous les pères, mais encore père par excellence, puisqu'il a été établi celui du genre humain. Pour rendre donc Adam pleinement heureux ou malheureux, selon qu'il seroit fidéle ou infidéle à son Dieu, il falloit qu'il pût communiquer à ses enfans son bonheur ou son malheur. Il n'eût été qu'imparfaitement heureux, s'il eût vu ses enfans devenir malheureux ; & son supplice eût de même été trop adouci, si ses enfans n'eussent point été compris dans ses malheurs. Ainsi, après avoir transgressé le Commandement si facile, que Dieu lui avoit imposé pour éprouver sa soumission, il étoit juste qu'il fût puni, non-seulement dans sa personne, mais encore dans celle de ses enfans, comme étant la portion la plus chère de sa substance, & plus intimement unie à lui que ses propres membres. Les enfans futurs de ce premier père, n'ayant d'être qu'en lui, devinrent le juste objet de la haine & de la vengeance Divine. Tous étant dans un seul, tous furent maudits dans un seul ; & cet infortuné père fut puni dans tout ce qu'il renfermoit d'enfans en sa personne, depuis la première jusqu'à la dernière génération.

Si nous voulons voir une image ſenſible de cette Juſtice de Dieu, conſidérons les Arrêts de la Juſtice humaine. Un père dégradé perd ſa nobleſſe & pour lui & pour ſes enfans, pour ceux qui ſont à naître comme pour ceux qui exiſtent : tous perdent en lui leurs biens & tous les avantages de la ſociété civile; parce que le père a mérité d'en être privé. S'il eſt banni & exclus du commerce de ſes citoyens, du ſein de ſa patrie & de ſa terre natale, ſes enfans ſont bannis avec lui pour toujours. Qu'ont-ils donc fait qui méritât de pareils traitemens, que nous n'ayons fait auſſi pour mériter ceux que nous éprouvons dans la perſonne de notre premier père ? Et quel droit avons-nous pour oſer critiquer & reprendre les régles impénétrables de la Juſtice Divine, dont nous voyons des veſtiges dans celle même des hommes, quoique si inférieure, & que personne n'oseroit condamner ? quel tort & quelle injure Dieu nous a-t-il fait ? Il avoit créé ce premier homme si parfait ; il lui avoit donné une si grande facilité de conserver pour lui & pour toute sa postérité le bien immense qu'il avoit mis en sa personne, que nous ne pouvions nous plaindre de nous voir renfermés dans Adam, & de ne faire moralement avec lui qu'une seule & même personne. Pouvions-nous nous flatter de faire un meilleur usage que lui, des dons & des bienfaits de Dieu ? Pouvions-nous nous promettre plus de fidélité & de persévérance, que ce chef-d'œuvre de la Toute-puissance divine ? S'il fût resté dans l'état où elle l'avoit mis, il eût été récompensé dans tous ses enfans : la justice originelle eût été un héritage commun, & nous bénirions tous la Bonté Divine, d'avoir renfermé en lui le bonheur du genre humain. Pourquoi donc, après avoir perdu dans ce père commun, ce qu'il avoit reçu pour lui comme pour nous, après que la Nature humaine n'est maudite dans ſes branches, que parce qu'elle l'a été dans ſa tige : pourquoi nous ſouleverons nous contre la Juſtice Divine, & permettrons-nous à une raiſon aveugle, téméraire & déréglée, d'en vouloir ſonder les abîmes ?

Au lieu de nous plaindre & de murmurer contre les jugemens de la Juſtice Divine, adorons-les en tremblant, acquieſçons avec reconnoiſſance à l'Arrêt prononcé ſur nous, béniſſons la Miſéricorde qui nous eſt offerte. Notre malheur n'eſt pas ſans reſſource. Déplorons-le, mais conſolons-nous, La Bonté Divine y a préparé un remède surabondant. A peine étions-nous devenus pécheurs dans la personne de notre premier père, que Dieu, encore plein de tendresse & d'amour pour sa créature, malgré l'outrage ineffable qu'il venoit d'en recevoir, daigne la rassurer par la promesse d'un Libérateur. Déja il lui annonce que son crime sera expié par un Médiateur, qui, s'unissant à lui, le réconciliera avec son Dieu. C'est en lui & par lui que l'homme triomphera de l'ennemi qui l'a vaincu. C'est par sa victoire que l'homme recouvrera ses premiers droits; que tous les biens qu'il avoit perdus lui seront restitués avec avantage & un ample dédommagement.

Tels sont les grands objets que nous présente la Religion Chrétienne. Qu'ils sont bien dignes de notre attention & de notre examen! C'est la

Religion Chrétienne qui nous tire de l'incertitude, dans laquelle les hommes avoient été ſi long-tems à l'égard de leur état. C'eſt elle qui nous apprend la raiſon de toutes ces contrariétés ſi étonnantes que nous réuniſſons en nous, & qui nous explique cette énigme impénétrable à toute la ſageſſe des plus grands Philoſophes. Elle nous découvre le véritable état de notre nature, ſa grandeur & ſa baſſeſſe, ſon excellence & ſa misère, en nous montrant que l'homme s'eſt dégradé & avili; qu'il a perdu cette communication ſi intime qu'il avoit avec ſon Dieu, cette pureté & cette innocence, cette lumière ſi vive, cette intelligence ſi ſublime dont il avoit été doué, & que par ſa chute il s'eſt plongé dans cet abîme de vices & de déréglemens, d'indigence & de misère où nous le voyons aujourd'hui.

Mais elle ne se contente pas d'exposer à l'homme ses maux & leur origine ; elle prévient encore le désespoir où la vue de tant de maux pourroit le précipiter. Elle lui offre des remédes souverains, & lui enseigne les moyens de les obtenir.

Peut-on n'être pas déja prévenu d'estime & d'amour pour une Religion qui connoît si bien l'homme ? Comment ne pas désirer d'avance de trouver vraie & bien fondée une Religion qui nous promet des remédes si dignes d'envie, si efficaces & si salutaires ? Entrons dans la discussion de ses preuves, & pesons les moyens que Rousseau emploie pour les détruire.

Après plusieurs Leçons données à son Emile, il lui adresse la parole en ces termes : « Vous ne voyez (*a*) » dans mon exposé que la Religion

(*a*) *Tom. III, pag.* 132.

» naturelle :

» naturelle : il eſt bien étrange qu'il » en faille une autre ! Par où connoî- » trai-je cette néceſſité ? De quoi puis- » je être coupable en ſervant Dieu ſe- » lon les lumières qu'il donne à mon » eſprit, & ſelon les ſentimens qu'il » inſpire à mon cœur ? Quelle pureté » de morale, quel dogme utile à » l'homme & honorable à ſon Au- » teur puis-je tirer d'une Doctrine » poſitive, que je ne puiſſe tirer ſans » elle du bon uſage de mes facultés ? » Montrez-moi ce qu'on peut ajoûter, » pour la gloire de Dieu, pour le bien » de la Société & pour mon propre » avantage, aux devoirs de la Loi na- » turelle ; & quelle vertu vous ferez » naître d'un nouveau culte, qui ne » ſoit pas une conſéquence du mien ? » Les plus grandes idées de la Divi- » nité nous viennent par la raiſon ſeu- » le : (voyez le *Spectacle de la Nature*)

» écoutez la Voix intérieure. Dieu » n'a-t-il pas tout dit à nos yeux, à » notre conscience, à notre jugement? » Qu'est-ce que les hommes nous di- » ront de plus? »

Quel aveuglement dans Rousseau, de prétendre contester la nécessité d'une révélation! Ne lui suffiroit-il pas de se consulter lui-même pour en sentir tout le besoin? Que lui disent ces doutes & ces ténébres qu'il éprouve sur les principaux points, dont il est obligé de convenir? Ne lui marquent-ils pas bien clairement combien la révélation nous est nécessaire? Les incertitudes de Rousseau sur notre état actuel, aussi-bien que sur notre état futur; ses perplexités sur l'immortalité de l'ame (*a*); son ignorance (*b*) sur la cause, & l'origine du monde;

(*a*) *Tom. III, pag. 86.*
(*b*) *Pag. 61.*

ſon embarras pour décider ſi le monde eſt éternel ou crée ; s'il y a un principe unique des choſes, s'il y en a deux ou pluſieurs ; les difficultés inſurmontables (*a*) qu'il rencontre pour venger la Providence contre le Matérialiſme, qui l'obligent d'anéantir cette Providence en paroiſſant la défendre ; qui le forcent de lui enlever la meilleure partie de ſes droits, en avançant que tout ce que l'*homme fait librement n'entre point dans le ſyſtême ordonné de la Providence ;* qu'elle *n'empêche pas l'homme de faire le mal, ſoit que de la part d'un être ſi foible ce mal ſoit nul à ſes yeux, ſoit qu'elle ne pût l'empêcher ſans gêner ſa liberté, & faire un plus grand mal en dégradant ſa nature.* Tant de motifs ne devroient-ils pas avoir convaincu Rouſſeau de l'inutilité de ſes efforts, pour attein-

(*a*) *Pag.* 77.

dre à la Vérité. Il eſt obligé de faire l'aveu de ſes ténébres & de ſon impuiſſance ; & auſſi-tôt après il vient nous conteſter la néceſſité du remède ſeul capable d'y ſuppléer. « L'examen „ qui me reſte à faire, diſoit-il à ſon „ Eléve il n'y a qu'un moment (*a*), „ en parlant de la Religion, eſt bien „ différent ; je n'y vois qu'*embarras*, „ *Myſtère*, *obſcurité* ; je n'y porte „ qu'*incertitude & défiance : je ne me* „ *détermine qu'en tremblant, & je vous* „ *dis plutôt mes doutes que mon avis...* „ Ne donnez à mes diſcours que l'autorité de la raiſon ; j'ignore ſi je ſuis „ dans l'erreur. Il eſt difficile, quand „ on diſcute, de ne pas prendre quelques fois le ton affirmatif : mais ſouvenez-vous qu'ici *toutes mes affirmations ne ſont que des raiſons de douter.* „ Et un peu plus haut, Rouſſeau

(*a*) *Tom. III*, *p.* 131.

difoit à fon Emile : « Dans la jufte dé» fiance de moi-même (*a*), la feule » chofe que je demande (à Dieu)..... » eft de redreffer mon erreur fi je « m'égare..... Pour être de bonne-foi, » je ne me crois pas infaillible : *mes » opinions, qui me femblent les plus » vraies, font peut-être autant de men» fonges*....... L'illufion qui m'abufe a » beau venir de moi, c'eft lui feul qui » m'en peut guérir. *J'ai fait ce que j'ai » pû pour atteindre à la Verité ; mais » fa fource eft trop élevée :* quand les » forces me manquent pour aller plus » loin....... c'eft à elle à s'approcher. »

O homme téméraire dans fon aveuglement, fuperbe dans fon ignorance, dont les ténébres font les délices ; qui aime mieux jouir avec complaifance des opinions fi extravagantes de fon imagination déréglée, que d'être

(*a*) *Pag.* 127 & 128.

obligé de recourir à une lumière supérieure qui ne lui laisseroit aucun sujet de se glorifier dans la vanité de ses pensées ! Stupide mortel, qui préfere d'être bizarre & singulier dans ses idées, quoique folles & ridicules, s'il faut penser sagement avec la multitude ! Comment peut il encore nous recuser le besoin de la révélation, après avoir reconnu que dans les objets de la Religion, sa raison n'y voit qu'embarras, mystère, obscurité, qu'il n'y porte qu'incertitude & défiance, qu'il ne se détermine qu'en tremblant ; après qu'il a déclaré que toutes ses affirmations ne sont que des raisons de douter, & que les opinions qui lui semblent les plus vraies sont peut-être autant de mensonges ? N'est-ce pas nous prouver bien clairement la nécessité de la révélation, que de la rejetter malgré des aveux si justes & si bien fondés ? Quoi, notre raison n'entend rien dans les choses de la Religion, elle n'y trouve qu'embarras, mystère, obscurité, & elle sera pour nous une régle suffisante, nous pourrons apprendre d'elle tous les dogmes utiles à l'homme & honorables à son Auteur, que nous pourrions tirer d'une Doctrine positive ? Quelle sera cette Religion, où tout ne sera que doutes, qu'incertitudes, que raison de douter, & peut-être que mensonges ? Est-ce donc ainsi que le Dieu de Rousseau veut être servi & adoré ? O qu'un Eléve sera bien avancé, qu'il sera bien instruit lorsqu'un Maître, comme Rousseau, lui aura appris, pour toute Religion, des doutes, des incertitudes, des mensonges ! O les dignes Leçons qui conduisent tout au plus à faire de son Disciple un docte & parfait Pyrrhonien sur tous les objets de la Religion. Ce n'eſt pas ainſi que le grand Maître de la Religion Chrétienne forme & inſtruit ſes Diſciples. S'il leur parle, c'eſt pour diſſiper leurs ténébres, c'eſt pour lever leurs doutes, faire ceſſer leurs incertitudes, & bannir de leurs eſprits toute erreur & tout menſonge. Auſſi parle-t il en Maître qui prouve clairement, par ſes œuvres & ſes diſcours, qu'à lui ſeul appartient le droit de nous inſtruire, parce que tous les tréſors de la ſcience & de la ſageſſe ſont renfermés en lui, & qu'il eſt la Vérité même. Mais Rouſſeau, qui prétend ſe mêler d'enſeigner, & qui veut être le Docteur des autres, ſans ſe croire obligé de puiſer dans cette ſource commune & unique, que pourroit-il nous débiter qui ne prouvât qu'il n'eſt qu'un amas de doutes, d'incertitudes & de menſonges ? Serions-nous aſſez aveugles pour préférer un pareil Maître à celui que nous offre la Religion Chrétienne ?

Rouſſeau n'eſt pas le ſeul qui nous prouve la néceſſité de la Révélation. Les ténébres & les égaremens de l'Univers entier, avant l'établiſſement de la Foi, dépoſent hautement en faveur de cette Vérité, & nous la rendent des plus ſenſibles. Ce ſont des faits qui parlent plus fortement que tous les vains diſcours de notre orgueilleuſe raiſon, & une auſſi longue expérience de ſon impuiſſance & de ſes ténébres ne nous permettent plus de l'écouter. Quoi de plus naturel à l'homme que de reconnoître ſon Dieu, ſon principe & ſa fin ? Tout le lui annonçoit, tout le publioit. Le grand ſpectacle de la Nature ne ceſſoit de montrer à l'homme ſon Maître & ſon Auteur. Comblé chaque jour de ſes bienfaits & de ſes faveurs, tout le portoit à s'élever jusqu'à lui ; il en étoit si près, qu'il le touchoit pour ainsi-dire du doigt. Cependant comment l'a-t-il connu, & jusqu'à quel point ne l'a-t-il pas dégradé & avili ? Le Soleil, les Astres, le feu & les élémens furent les premiers objets de l'adoration publique. Les grands Rois, les Conquérans célébres, les Auteurs des inventions utiles à la vie humaine reçurent bientôt après les honneurs divins. On adora tout jusqu'aux bêtes & aux reptiles, & la Majesté Divine fut métamorphosée en toute sorte d'insectes & d'animaux, d'êtres matériels & insensibles. Tout étoit Dieu, comme dit le grand Bossuet, excepté Dieu même ; & le monde, que Dieu avoit fait pour manifester sa puissance, sembloit être devenu un temple d'Idoles. Les uns reconnoissoient pour leurs Dieux ceux que d'autres avoient en horreur. Chaque Ville, chaque Bourgade avoit ses Dieux particuliers & méprisoit souverainement ceux des autres. Les Nations les plus éclairées & les plus sages, les Chaldéens, les Egyptiens, les Phéniciens, les Grecs, les Romains étoient les plus ignorans & les plus aveugles sur la Religion : tant il est vrai qu'il faut y être elevé par une sagesse plus qu'humaine! Le genre humain s'égara jusqu'à diviniser ses vices & ses passions, jusqu'à leur ériger un culte & des autels. Qui oseroit raconter ces infâmes cérémonies des Dieux immortels, ces abominables mystères d'impureté ? Leurs amours, leurs cruautés, leur jalousie & tous leurs autres excès étoient le sujet de leurs Fêtes, de leurs Sacrifices, des Hymnes qu'on leur chantoit & des peintures qu'on consacroit dans leurs Temples. Ainsi le crime étoit adoré

& reconnu néceſſaire au culte des Dieux. Tout le ſervice public n'étoit qu'une continuelle profanation & une grave & ſérieuſe dériſion du nom de Dieu. A tant de corruptions, de folies & d'extravagances ſe joignit encore la plus barbare cruauté. On crut que pour appaiſer les Dieux irrités, les Victimes ordinaires ne ſuffiſoient pas : il fallut encore verſer le ſang humain & le confondre avec celui des bêtes. On vit les pères immoler leurs propres enfans, les brûler à leurs yeux, & ſubſtituer la fumée de leur ſang à l'odeur des parfums. Ces horribles ſacrifices n'étoient pas particuliers à quelques peuples, ils étoient communs à tous, ſans en excepter aucun. Par-tout les hommes ont ſacrifié leurs ſemblables, & il n'y a point eu de lieu ſur la terre qui n'ait adoré ces affreuſes Divinités, dont la haine implacable pour le genre humain exigeoit de telles victimes.

Au milieu de ténébres si épaisses & d'une ignorance si profonde, l'homme voulut encore adorer jusqu'à l'œuvre de ses mains. Il crut pouvoir renfermer l'Esprit Divin dans des Statues; & il oublia si profondément que Dieu l'avoit fait, qu'il crut à son tour pouvoir faire un Dieu. Qui le pourroit croire, si l'expérience ne nous faisoit voir qu'une erreur si stupide & si grossière étoit, non seulement la plus universelle, mais encore la plus enracinée & la plus incorrigible parmi les hommes? Ainsi nous sommes obligés de reconnoître, à la grande confusion du genre humain, que la première des vérités, celle que le monde prêche, celle dont l'impression est la plus puissante, étoit cependant la plus éloignée de l'esprit & de la vue des hommes.

Les Philosophes, qui passoient pour être si sages & si éclairés ; prenoient part, comme tous les autres, à tous ces crimes & ces désordres. Ces hommes, dont la raison avoit été cultivée par tant de veilles, de soins & d'études, livrés à eux-mêmes, se sont précipités dans toute sorte d'absurdités, d'erreurs les plus grossières, & d'opinions les plus extravagantes. Il faudroit des volumes entiers pour en faire l'énumération. Chacun se faisoit un Dieu à sa façon ; les uns soutenoient qu'il ne se mêloit en aucune manière de ce qui se passe dans l'Univers ; que tout y étoit abandonné au hazard ; qu'il seroit indigne de sa grandeur & contraire à son repos d'entrer dans ce détail immense des événemens du monde, & des différentes parties qui le composent. D'autres ont soumis le Dieu qu'ils se forgeoient à la fatale nécessité du destin, & l'ont rendu dépendant de loix étrangères aux siennes. Plusieurs confondoient les Démons avec les Dieux, & ne mettoient entre eux aucune différence. Il y en a qui n'ont fait de Dieu qu'un tout avec les Etres créés, qui le regardoient comme l'ame de ce grand corps. Une autre Secte a inventé un Dieu auteur & principe du bien, & un autre Dieu, source & cause de tous les maux & de tous les désordres. Ils ont mis ces deux Dieux continuellement aux prises ensemble, pour soutenir leurs droits & leurs prérogatives. Socrate, ce Sage si célèbre, accusé de nier les Dieux que le public adoroit, s'en défend comme d'un crime. Platon, en parlant du Dieu qui avoit formé l'Univers, dit qu'il est difficile de le trouver, & qu'on ne doit en parler qu'en énigme.

Que d'erreurs monſtrueuſes parmi les Philoſophes, ſur l'origine & le principe du monde! Les uns ſe ſont imaginés que l'eau étoit le premier principe de toutes choſes : d'autres ont penſé que c'étoit l'air ou le feu; & un certain nombre a ſoutenu que les quatre élémens réunis étoient la cauſe & l'origine du monde. On en voit qui, encore plus aveugles & plus inſenſés, ont prétendu que l'Univers étoit éternel & ſans principe. Pluſieurs l'ont conçu formé par un concours fortuit des premiers corps, en ſoutenant néanmoins qu'il étoit ſans commencement; & ſelon d'autres tout eſt infini & increé. Les plus ſages de ces Philoſophes, & ceux qui ſe ſont le moins écartés du vrai, nous ont propoſé un Dieu qui trouvant une matière éternelle & exiſtente par elle-même auſſi-bien que lui, qui n'en dépen-

doit

doit ni dans le fond de ſon être, ni dans ſon premier état, l'a miſe en œuvre & l'a façonnée comme un artiſan vulgaire. Selon cet extravagant ſyſtême, la matière eſt égalée à Dieu, & Dieu lui-même ſe trouve gêné & contraint dans ſon ouvrage par cette matière même & par ſes diſpoſitions qu'il n'a pas ordonnées : il ſe trouve aſſervi à des Loix que lui-même ne peut violer. Ces prétendus Philoſophes, avec toutes les lumières de leur raiſon, n'ont pu comprendre que ſi la matière exiſte par elle-même, elle n'a pas dû attendre ſa perfection d'une main étrangère ; & que ſi Dieu eſt parfait & infini, il n'a eu beſoin, pour faire tout ce qu'il vouloit, que de lui-même & de ſa volonté toute puiſſante.

Combien de diſputes parmi ces Philoſophes ſur la nature & l'eſſence de notre ame. Ici c'étoit un être subtil, là une vapeur déliée. Dans une Ecole on la faisoit partie mortelle, partie immortelle ; & dans une autre on vouloit qu'elle pérît avec le corps. Plusieurs pensoient que notre ame étoit une portion de la Nature Divine, une Divinité elle-même, un être éternel, increé, & qui n'avoit pas plus de commencement que de fin : quelques-uns la faisoient exister avant le corps, où elle avoit ensuite passé : que dirai-je de ceux qui croyoient la transmigration des ames, qui les faisoient rouler des cieux à la terre, & de la terre aux cieux, de la félicité à la misère, & de la misère à la félicité ; qui les faisoient sortir d'un corps, pour entrer successivement dans une multitude d'autres ; du corps de l'homme dans celui d'un cheval & des animaux de toute espéce ? « Selon ces

» Philosophes, disoit un ancien Au-
» teur, aujourd'hui je suis im-
» mortel, & je m'en réjouis : mais
» bientôt je deviens mortel, & sans
» raison. Bientôt on me transforme
» en toute sorte d'individus, je de-
» viens eau, je deviens air, je de-
» viens feu, & presque aussi-tôt je ne
» suis ni air, ni feu ; on me convertit
» en bête, on me change en poisson,
» & tour à tour je me trouve avoir les
» tigres & les dauphins pour frères.
» Si je me regarde, le corps qu'on me
» donne me fait peur ; je ne sçais quel
» nom lui donner. L'appellerai-je hom-
» me, chien, loup, taureau, oiseau,
» serpent, dragon ou chimère ? car
» tous ces sages Maîtres me métamor-
» phosent en animal de tout genre,
» terrestre, aquatique, volatil, sau-
» vage & domestique, muet & qui a
» de la voix, brut & qui a de la rai-

» son ; je nâge, je vole, je suis porté » dans les airs, je rampe, je cours & » je m'assied. Mais ici se présente le » docte Empédocles, qui veut en- » core me mettre au nombre des arbres ».

Nous ne finirions pas, si nous voulions rapporter tous les systêmes ridicules & insensés des anciens Philosophes sur les points les plus importans. Disons cependant encore deux mots de leurs opinions sur l'état & la fin de l'homme. Ceux qui parmi eux ont un peu connu la réalité & l'excellence de l'homme, comme ils ne pouvoient concilier ce fond de grandeur & d'élévation avec ce fond de bassesse & d'indigence réunis dans une même nature, ils ont attribué à lâcheté & à ingratitude ces sentimens si bas que les hommes ont naturellement d'eux-mêmes. Les autres au contraire, qui ont connu combien cette bassesse étoit réelle & innée avec nous, ont traité d'un orgueil ridicule ces sentimens de grandeur si naturels à l'homme. Les premiers, ne connoissant point les maladies de l'homme, ni les remédes qui pouvoient les guérir, n'ont travaillé qu'à les augmenter en le portant à se croire égal à Dieu, & en lui suggérant qu'il pouvoit, par sa propre sagesse, se rendre semblable à lui. Les autres au contraire, qui ne trouvoient dans l'homme rien que de bas, de vil & de méprisable, l'abaissoient jusqu'au désespoir, & vouloient le réduire à la condition des bêtes, en lui apprenant à ne chercher d'autre bien que dans les voluptés qui sont le partage des animaux.

Le nombre des opinions des Philosophes sur le bonheur & la fin de l'homme est presque innombrable. Les uns enſeignoient qu'elle conſiſtoit dans les plaiſirs des ſens ; que la volupté étoit notre ſouverain bien : d'autres la plaçoient dans l'exemption de la douleur : ceux-ci l'imaginoient dans la gloire & la réputation, & ceux-là la faiſoient conſiſter dans la pareſſe & l'indolence : un plus grand nombre, confondant les moyens avec la fin, prétendoient que la vertu eſt l'unique bonheur de l'homme, & que la ſageſſe eſt à elle-même ſa propre récompenſe. Ces ſuperbes aveugles penſoient que l'homme ſe ſuffit à lui-même pour ſe rendre heureux, & qu'il eſt l'unique auteur de ſa félicité. Leur préſomption les a entraînés dans une erreur ſi abſurde, qu'après avoir ſoutenu que leur Sage ſeroit heureux, même dans le taureau de Phalaris, ils ſont obligés de convenir qu'il faut quelquefois fuir & éviter la vie heureuse ; & pour comble d'extravagance, après avoir avancé que le Sage est heureux au milieu des tourmens & des afflictions de cette vie, pressés cependant par la considération de toutes les misères qui pouvoient fondre sur lui, ils ont voulu qu'alors ce Sage se donnât lui-même la mort pour se délivrer de cette prétendue vie heureuse.

Mais comment celui qui est toujours heureux, qui est parfaitement maître de son bonheur, a-t-il pû le perdre par quelque calamité ? Et si, au milieu des maux qui l'affligent, il est toujours heureux, il arrivera donc, selon ces Philosophes, qu'un Sage ne pourra plus supporter la vie heureuse ; & ce qui est encore plus absurde, qu'il devra la rejetter & s'en délivrer par une mort qui seroit le comble des malheurs.

Ceux des Philosophes qui ont été

aſſez éclairés pour ſentir que la vraie béatitude de l'homme ne ſe trouvoit pas ici-bas; bien loin de le rappeller à l'objet infini, ſeul capable de remplir ſes déſirs; bien loin de le conſoler par l'eſpérance ſi douce de le poſſéder un jour, ils ne pensèrent pas même que nous ne pouvons commencer à être heureux ſur la terre, qu'à proportion qu'il daigne ſe communiquer à nous, & que nous en jouiſſons. Toute leur belle Philoſophie ſe termina à promettre aux hommes une demeure dans les Champs Eliſées, où leur occupation devoit être de converſer avec les ombres des morts, ſe rappeller mutuellement leurs avantures paſſées, déſirer comme auparavant les objets qui nous attachent à la terre, ſoupirer ſans-ceſſe après la triſte condition de ceux qui leur avoient ſurvécu, & attendre avec impatience le moment qui devoit leur procurer la ſatisfaction de revoir la lumière du jour.

Après tant d'erreurs & d'impiétés ſur les points fondamentaux de la Religion, ces Philoſophes ne pouvoient manquer de s'égarer dans leurs préceptes de morale. L'ignorance de la véritable fin de l'homme, de la nature de ſon ame, emporte néceſſairement avec ſoi le renverſement de toutes les règles des mœurs. Auſſi qui de ces Philoſophes a jamais connu le grand précepte de l'Amour de Dieu & ſon étendue ? L'orgueil & l'amour de ſoi-même étoient chez-eux l'ame & le principal mobile de toutes les actions de la vie. Leur Philoſophie ne détruiſoit les vices que par d'autres vices ; elle apprenoit avec faſte à mépriſer le monde, pour s'attirer les applaudiſſemens du monde ; elle cherchoit plus la gloire de la sageſſe que la sageſſe elle-même ; & en détruiſant une paſſion, elle en élevoit toujours une plus dangéreuſe ſur ſes ruines.

Par une juſte conſéquence de leur morale, on ne voyoit chez-eux qu'envie, que jalouſie, qu'une ambitieuſe modération, qu'une hypocrite ſévérité, qu'une modeſtie ſuperbe, que des vertus faſtueuſes & apparentes. Que dis-je ? On n'y trouvoit que déſordres, que corruption : Socrate lui même eſt déclaré coupable du crime le plus déshonorant pour l'humanité. Les villes les plus fécondes en grands Philoſophes, Rome, Athênes, Corinthe, conſacroient, comme nous avons vû, les vices les plus abominables, l'impudicité, l'inceſte, la cruauté, la perfidie ; & on ne célébroit le culte qu'on leur rendoit, que par des crimes auſſi infâmes & des proſtitutions publiques. Tous ces Philoſophes entretenoient le peuple dans ces déſordres, autant par leurs exemples que par leur doctrine. Le plus grave d'entre eux défend de boire avec excès, ſi ce n'eſt dans les fêtes de Bacchus & en l'honneur de ce Dieu. Un autre, après avoir blâmé toutes les images indécentes, en excepte celles des Dieux qui vouloient être honorés par ces infamies. Quelles abominations ne dictent pas la plûpart des principes de ces prétendus Sages? Ariſtote, par exemple, enſeigne que rien n'eſt abſolument bon ou mauvais en ſoi; que toute la difformité de nos actions vient des tems & des lieux, & non de la nature, en ſorte que les tems n'ont qu'à changer pour rendre beau ce qui étoit auparavant honteux. Où n'iroit-on pas avec un pareil principe? Quelle dépravation de mœurs, les loix ſi indécentes de Licurgue, de Solon, de Minos n'introduiſoient-elles pas ? Quels ſacriléges & quelle confuſion n'auroit pas produit l'établiſſement de la République de Platon, ce Philoſophe ſi diſtingué parmi les autres ? Il anéantit la ſainte inſtitution du Mariage, en permettant une brutale confuſion parmi les hommes. Il confond les noms & les droits paternels que la Nature a toujours le plus reſpectés, & donne à la terre des hommes tous incertains de leur origine, & par-là ſans liens, ſans tendreſſe, ſans affection & ſans humanité.

Tels ſont les égaremens de la raiſon humaine, ſes fruits étranges & déplorables dans ceux-mêmes qui ont paſſé pour des génies ſi élevés & ſi profonds. Ces hommes couroient comme au hazard après des vérités qui étoient ſcellées pour eux. Ils ne ceſſoient d'inventer de nouveaux ſyſtêmes qui ne ſervoient qu'à les en éloigner de plus en plus. Le Diſciple enchériſſoit ſur le Maître, & n'entaſſoit que de nouvelles erreurs ſur les premières. Voilà tout ce que la raiſon a pû produire, tant qu'elle a été livrée à elle-même. Il n'y a pas d'erreur qu'elle n'ait enfantée & miſe au jour. N'ayant point de régle fixe & certaine qui pût la diriger, elle s'eſt vûe entraînée par tous les vents des opinions humaines. Aujourd'hui elle aſſuroit & demain elle combattoit ce qu'elle avoit ſoutenu la veille; réduite enfin, après bien des diſputes, à convenir qu'elle ne ſçavoit rien, & que tout étoit pour elle un cahos impénétrable.

C'eſt ainſi que Dieu ſe jouoit de la ſageſſe humaine : c'eſt par de ſi longues & ſi funeſtes expériences qu'il a voulu convaincre une raiſon vaine &

ſuperbe, de la profondeur de ſes ténébres & de ſon impuiſſance pour arriver à la Vérité. Il lui a fait ſentir par des leçons ſi humiliantes, quel beſoin elle a d'un guide ſupérieur & d'une lumière ſurnaturelle ; puiſque, laiſſée à elle-même, elle ne peut manquer de ſe précipiter dans un abîme d'erreurs.

Eh bien, demanderons-nous à Rouſſeau, ces grands hommes de l'Antiquité profane, ces génies ſi élevés, n'étoient-ils pas doués d'une raiſon auſſi étendue que la ſienne ? N'avoient-ils pas autant de moyens naturels que lui, pour découvrir le vrai ? Comment donc, après un exemple ſi fatal, Rouſſeau a-t-il la témérité de dire à ſon Emile : « Vous ne voyez » dans mon expoſé que la Religion » naturelle ; il eſt bien étrange qu'il en » faille une autre. Par où connoîtrai-

» je cette néceſſité » ? Eh quoi ! l'Univers entier, épuiſé en vains efforts pour diſſiper ſes ténébres, ne ſuffit pas à Rouſſeau pour lui faire connoître la néceſſité d'une révélation? Quoi ! après une preuve ſi palpable & ſi convaincante, il oſera nous dire : « Quelle pureté de morale, quel » dogme utile à l'homme & honora- » ble à ſon auteur puis-je tirer d'une » doctrine poſitive, que je ne puiſſe » tirer ſans elle du bon uſage de mes » facultés » ? Les Philoſophes, dont nous venons de rapporter les extravagances, n'auroient-ils pas pu, avec autant de fondement que Rouſſeau, nous tenir un pareil langage ?

Cependant ces hommes, plus ſincères encore que Rouſſeau, étoient forcés de convenir qu'ils ne pouvoient par le ſeul ſecours de leur raiſon parvenir à la Vérité. Porphyre, convaincu de l'inutilité de tous les moyens humains, reconnoiſſoit qu'il étoit dans l'attente d'un remède efficace, pour délivrer l'ame de ſes doutes & de ſes ténèbres. (*Apud Aug. L.* 10, *de Civ. Dei*, *C.* 32.) Et Julien même l'Apoſtat, cet incrédule ſi accoutumé à nier ce qui n'étoit pas de la dernière évidence, ce Julien avouoit que la nature de l'homme n'eſt point capable, par elle-même, de connoître ce qui lui eſt utile, & par conſéquent qu'elle a beſoin d'être inſtruite & éclairée par une lumière ſupérieure. (*Apud S. Cyrill. L.* 5, *cont. Julian*).

La triſte expérience, que les Philoſophes, & tous les hommes avec eux, ont faite de l'inſuffiſance de leur raiſon & de toutes leurs facultés, ne ſera-t-elle donc pas capable de rabaiſſer & de confondre l'orgueilleuſe préſomption de Rouſſeau ? L'exemple de

ce

ce qui s'eſt déja paſſé, ne lui prouve-t-il pas d'une manière bien ſenſible que l'homme, ſans le ſecours de la révélation, ne peut, par le ſeul uſage de ſa raiſon, atteindre à la *pureté de la morale, découvrir les dogmes utiles à l'homme & honorables à leur Auteur?* L'hiſtoire des égaremens de la raiſon humaine nous fait voir que tous les principes de la loi naturelle étant preſque effacés du cœur des hommes, il étoit néceſſaire pour *la gloire de Dieu*, pour *le bien de la ſociété* & pour *le propre avantage* de l'homme en particulier, d'expoſer de nouveau à ſes yeux des vérités qui s'étoient éclipſées de ſon eſprit & de ſon cœur.

Peut-on n'être pas indigné, quand on entend Rouſſeau nous dire avec une oſtentation révoltante : Que *les plus grandes idées de la Divinité nous viennent par la raiſon ſeule?* Quelles idées cette raiſon aveugle & livrée à ſes ténébres a t-elle eues de ſon Dieu ? Quelle Divinité s'eſt elle forgée tant qu'elle n'a pas été éclairée des lumières de la révélation ? C'eſt à elle, & non à la raiſon égarée, que nous ſommes redevables des grandes idées de la Divinité. C'eſt elle qui a fait diſparoître par ſon éclat, & qui a diſſipé par ſa force tant d'opinions ſi injurieuſes à la Nature Divine. Sans ſon ſecours nous marcherions encore comme à tâtons au milieu d'une nuité paiſſe, cherchant toujours en vain ce que notre raiſon ne nous montreroit jamais. Rouſſeau nous en fournit un grand exemple dans ſa perſonne. Quelles ſont ces belles idées de la Divinité que ſa raiſon lui fournit ? S'il en établit une, un inſtant après il la combat ou la contredit ; il y revient enſuite, & bientôt après il la réduit encore en problême, jusqu'à ce qu'enfin il soit forcé de convenir qu'il n'y entend rien. Veut-on voir une analyse de ces belles idées de Rousseau sur la Divinité? Il doute même *si la matière est éternelle ou non; s'il y a un seul principe des choses, ou s'il y en a plusieurs*; il ne sçait (*a*) si Dieu a créé *la matière*, *les corps*, *les esprits* & *le monde*. Il est obligé d'avouer que l'*idée seule de création* le *confond* & *passe* sa *portée*: & cet homme, enseveli dans les ténébres de l'ignorance la plus grossière, osera soutenir encore que les plus grandes idées de la Divinité nous viennent par la raison seule? Eh qu'y voit-elle cette raison? qu'y peut-elle découvrir, de l'aveu même de Rousseau? » Je joins, nous » dit-il, (*b*) à ce nom (de Dieu)

(*a*) *Tom. III*, *p.* 93.
(*b*) *Ibid. p.* 62 & 63.

» les idées d'intelligence, de puissance, de volonté que j'ai rassemblées, » & celle de bonté qui en est une suite nécessaire; mais je n'en connois » pas mieux l'Etre auquel je l'ai donnée. Il se dérobe également à mes » sens & à mon entendement. Plus j'y » pense, plus je me confonds.... Si-tôt » que je veux le contempler en lui-même, si-tôt que je veux chercher où » il est, ce qu'il est, quelle est sa substance, il m'échappe, & mon esprit » troublé n'apperçoit plus rien. » Convenez donc, foible & pauvre mortel, que vous ne pouvez connoître de Dieu, que ce qu'il daigne bien nous en apprendre lui-même. Reconnoissez enfin le besoin d'une révélation, que tout vous crie au-dedans de vous-même comme au dehors; & sentez aujourd'hui, qu'en refusant de vous soumettre au joug doux & aimable de la révélation, vous ne cessez d'être le jouet perpétuel, & la triste victime d'une raison qui vous aveugle, pour vous dérober les précipices où elle vous entraîne.

Vous en aviez si bien connu l'impuissance & l'illusion ; vous aviez déploré en termes si pathétiques ses folies & ses égaremens ; vous nous en aviez fait un tableau si naturel, mais si dégoûtant, par quelle fatalité êtes-vous donc revenu sur vos pas ?

» Je méditois (*a*), nous disiez-vous, » sur le triste sort des mortels flotans » sur cette mer des opinions humai- » nes, sans gouvernail, sans bousso- » le, & livrés à leurs passions ora- » geuses, sans autre guide qu'un Pi- » lote inexpérimenté qui méconnoît » sa route, & qui ne sait ni d'où il » vient, ni où il va. Je me disois :

(*a*) *Tom. III, p. 25 & 26.*

» J'aime la Vérité, je la cherche, & » je ne puis la reconnoître ; qu'on me » la montre, & j'y demeure attaché : » pourquoi faut-il qu'elle se dérobe à » l'empressement d'un cœur fait pour » l'adorer ? « Tel est donc, selon Rousseau, le triste sort des hommes qui n'ont d'autre soutien que leur foible raison. Ils flottent sur cette mer des opinions humaines, sans gouvernail & sans boussole, avec un guide sans expérience, qui ignore la route qu'il doit tenir, qui nous dirige sans sçavoir ni d'où il vient, ni où il va. Quel fond peut-on donc faire sur un pareil guide ? Peut-on être assez téméraire pour s'abandonner à sa conduite ? Les hommes ont donc besoin d'un guide plus sûr, qui leur serve de gouvernail & de boussole, pour leur faire éviter tous les écueils où la raison aveugle ne peut manquer de les précipiter.

Si Rouſſeau dit vrai, s'il aime la Vérité, s'il la cherche ſincèrement, qu'il confeſſe d'abord la néceſſité d'une révélation, puiſque tous ſes efforts n'ont pu lui faire connoître cette Vérité, & qu'il n'a rapporté *de ſes longues méditations* (a), qu'*incertitude, obſcurité* & *contradiction ſur la cauſe de ſon être, & ſur la régle de ſes devoirs.*

Voilà la vérité & la clef de toutes celles qu'il dit chercher; nous la lui montrons par ſa propre expérience & & ſes propres aveux. Il a tort de ſe plaindre qu'elle ſe dérobe à ſes empreſſemens. Mais pourquoi faut-il, au contraire, qu'il ſe dérobe lui-même aux ſollicitations de cette Vérité, qui le preſſe de lui ouvrir ſon cœur? Les lumières des autres ne feront pas pour lui un moyen plus ſûr & plus effi-

(a) *Ibid. p. 26.*

cace ; il eſt encore forcé d'en convenir. Ne nous laſſons pas de l'entendre.

» Je conſultai (*a*), pourſuit-il, les » Philoſophes, je feuilletai leurs livres, » j'examinai leurs diverſes opinions, » je les trouvai tous fiers, affirma- » tifs, dogmatiques même dans leur » Scepticiſme prétendu, n'ignorant » rien, ne prouvant rien, ſe moquant » les uns des autres ; & ce point com- » mun à tous, me parut le ſeul ſur » lequel ils ont tous raiſon : triom- » phans quand ils attaquent, ils ſont » ſans vigueur en ſe défendant. Si » vous peſez les raiſons, ils n'en ont » que pour détruire : ſi vous comptez » les voix, chacun eſt réduit à la ſien- » ne ; ils ne s'accordent que pour diſ- » puter : les écouter, n'étoit pas le » moyen de ſortir de mon incertitu-

(*a*) *Ibid. p.* 27 & *ſuiv.*

» de. Je conçus que l'insuffisance de » l'esprit humain, est la première cau» se de cette prodigieuse diversité de » sentimens, & que l'orgueil est la » seconde. . . . . Nous nous ignorons » nous-mêmes ; nous ne connoissons » ni notre nature, ni notre principe » actif; à peine sçavons-nous si l'hom» me est un être simple ou composé : » des mystères impénétrables nous en» vironnent de toutes parts, ils sont » au-dessus de la région sensible; pour » les percer, nous croyons avoir de » l'intelligence, & nous n'avons que » de l'imagination. Chacun se fraie . . . » une route qu'il croit la bonne ; nul » ne peut sçavoir si la sienne méne au » but. Cependant nous voulons tout » pénétrer, tout connoître . . . . nous » aimons mieux nous déterminer au » hazard, & croire ce qui n'est pas, » que d'avouer qu'aucun de nous ne

» peut voir ce qui eſt. . . . . . Quand » les Philoſophes ſeroient en état de » découvrir la Vérité, qui d'entre- » eux prendroit intérêt à elle ? Cha- » cun ſçait bien que ſon ſyſtême n'eſt » pas mieux fondé que les autres ; » mais il le ſoutient, parce qu'il eſt » à lui. Il n'y en a pas un ſeul qui ve- » nant à connoître le vrai & le faux, » ne préférât le menſonge qu'il a trou- » vé, à la Vérité découverte par un » autre. Où eſt le Philoſophe qui, » pour ſa gloire, ne tromperoit pas » volontiers le genre-humain ? Où » eſt celui qui, dans le ſecret de ſon » cœur, ſe propoſe un autre objet que » de ſe diſtinguer ? Pourvu qu'il s'é- » léve au-deſſus du vulgaire, pourvu » qu'il efface l'éclat de ſes concur- » rens, que demande-t-il de plus ? » L'eſſentiel eſt de penſer autrement » que les autres. Chez les Croyans,

» il feroit Athée, chez les Athées il » feroit Croyant «.

On ne peut rien ajouter au tableau que Rouſſeau fait ici des Philoſophes de nos jours : il n'eſt pas flateur, mais il ne doit pas être ſuſpect, puiſque l'Auteur eſt bon maître & bon connoiſſeur en ce genre. Ecoutons les conſéquences qu'il en va tirer. » Je » compris, conclue-t-il, que loin de » me délivrer de mes doutes inutiles, les Philoſophes ne feroient que » multiplier ceux qui me tourmentoient, & n'en réſoudroient aucun. » Je pris donc un autre guide, & je » me dis : Conſultons la lumière intérieure, elle m'égarera moins qu'ils » ne m'égarent, ou du moins mon » erreur ſera la mienne, & je me » dépraverai moins en ſuivant mes » propres illuſions, qu'en me livrant » à leurs menſonges «. Quelle abſurde

& ridicule conséquence ! quel aveuglement ! Qui n'auroit cru que Rousseau, après avoir si bien senti & montré l'insuffisance de la raison de nos Philosophes pour découvrir la Vérité, alloit en conclure qu'il nous faut d'autres lumières & d'autres secours que ceux que nous fournit notre esprit ? N'est-ce pas la juste conséquence de tous ses aveux ? Si *l'insuffisance de l'esprit humain est la première cause de cette prodigieuse diversité de sentimens de nos Philosophes ; si* nous sommes si bornés, que *nous nous ignorons nous-mêmes*, que *nous ne connoissons ni notre nature, ni notre principe actif*, qu'*à peine sçavons-nous si l'homme est un être simple ou composé ;* si, *pour percer des mystères impénétrables qui nous environnent de toutes parts, nous n'avons que de l'imagination, croyant avoir de l'intelli-*

gence ; si *nul ne peut sçavoir si la route qu'il se fraie méne au but :* comment s'aveugler jusqu'au point de rejetter la nécessité d'une révélation ? Comment s'empêcher de reconnoître le besoin d'une lumière surnaturelle, qui nous délivre de ces doutes interminables qui nous tourmentent sans fin, qui nous tire de cet état de trouble & d'anxiété où nous jettent les incertitudes & les contradictions de notre esprit sur les points les plus importans ? Enfin, puisque *les Philosophes ne pourroient encore fixer nos doutes, quand même ils seroient en état de découvrir la Vérité*, parce qu'aucun d'eux n'*y prend intérêt*, parce qu'*il n'y en a pas un seul qui, venant à connoître le vrai & le faux, ne préférât le mensonge qu'il a trouvé, à la Vérité découverte par un autre ;* que tous, sans exception, n'ont d'*autre objet que de se distinguer*, & que chacun, *pour sa gloire, tromperoit volontiers le genre-humain:* que nous reste-t-il donc à désirer, si ce n'est un guide incapable d'être trompé & de nous tromper; qui nous servant de garant & d'appui, nous fraie une voie sûre pour aller à Dieu, & nous mette autant à couvert de nos propres illusions, que des mensonges des autres?

Quoi donc! parce que l'erreur de Rousseau sera la *sienne*, en sera-t-elle moins une erreur? Parce qu'il sera le maître & l'inventeur de ses opinions extravagantes, lui seront-elles moins funestes & moins dangereuses, que s'il les avoit puisées ailleurs? Ses propres illusions sont-elles donc un reméde bien salutaire à opposer aux égaremens qu'il semble déplorer? Les traits qu'il a lancés contre les Philosophes de nos jours, retomberont à plomb ſur lui. En faiſant leur portrait, il ſe peint au naturel ſans y penſer. Comme eux, ce n'eſt pas à la Vérité qu'il prend intérêt. Il ſent le vrai, mais il préfére le menſonge qu'il a trouvé, à la Vérité qu'on lui découvre ; pour ſa gloire, il ne cherche qu'à tromper le genre-humain ; le ſeul objet qu'il ſe propoſe dans le ſecret de ſon cœur, c'eſt de ſe diſtinguer, en mettant le comble aux folies & aux délires de ceux qu'il cenſure. Comme eux, il veut avoir un ſyſtême particulier ; il ſçait bien qu'il ne ſera pas mieux fondé que celui des autres ; mais qu'importe ? au moins ce ſera le ſien. Pourvu qu'il s'élève au-deſſus des autres ; pourvu qu'il efface l'éclat de ſes concurrens, que demande-t-il de plus ? L'eſſentiel pour lui, eſt de penſer autrement que les autres ; il aime mieux ſe déterminer au hazard, & croire même ce qui n'eſt pas, que d'avouer qu'aucun de nous ne peut voir ce qui eſt, ſans le ſecours d'une révélation.

Sentez, aveugle ſuperbe, combien vous vous rendez digne de mépris, en mépriſant vos modèles; puiſque vous imitez toutes leurs folies, & que vous retombez dans les mêmes égaremens que vous condamnez en eux. Vous êtes trop foible contre la Vérité que vous attaquez: eh! ne voyez-vous pas qu'elle ſe joue de vos vains efforts? Vous l'établiſſez en voulant la combattre. Qu'elle eſt puiſſante! puiſque ſi elle ne triomphe pas de vous par une humble ſoumiſſion, elle ſçait en triompher par les coups mêmes que vous lui portez, par la confuſion où elle vous jette, & par tous vos égaremens.

Tout ce que nous venons de dire, confirmé

confirmé par les témoignages de Rousseau, a dû nous persuader que l'homme, dans l'état présent, a besoin que Dieu lui parle pour se faire connoître à lui, pour lui apprendre son état & sa destination ; ce qu'il doit à son Dieu, & la vraie manière de le servir & de l'honorer. Mais, outre le culte & l'hommage intérieur que l'homme doit à son Dieu, il lui est encore redevable d'un culte extérieur, dont le premier est l'ame, & qui ne peut être également connu que par le secours de la révélation. Cette proposition est aisée à démontrer, quoiqu'en dise Rousseau.

Le profond abaissement de notre ame sous la Majesté infinie, les sentimens d'un amour tendre & ardent, d'une ferme confiance en sa bonté, & d'une vive reconnoissance pour ses bienfaits, sont sans doute la meilleure

& la principale partie du culte que nous devons à l'Etre suprême : sans cela tout le reste n'est qu'hypocrisie & que mensonge ; nous n'honorons Dieu que des lévres ; nous cherchons en vain à lui en imposer par des signes extérieurs, dépouillés de ce qu'ils annoncent, & tout notre culte est en abomination aux yeux de l'Invisible qui sonde le fond des cœurs. Mais ce seroit une illusion aussi dangereuse, de s'imaginer que le culte intérieur est le seul que Dieu exige de nous.

L'homme étant composé d'un corps & d'une ame, il doit à son Dieu l'hommage de l'un & de l'autre ; il est juste que Dieu exige de lui qu'il l'honore & le serve par les actions du corps, comme par les sentimens de l'ame. Tout ce que l'homme est, venant de Dieu & appartenant à Dieu, n'eſt-il pas de l'ordre, que tout concoure à rendre à la Divinité le culte religieux qui lui eſt dû ? Il faut donc que le corps ſoit aſſocié au culte de l'ame : il ne doit former avec elle qu'un ſeul adorateur : c'eſt lui qui doit être le Pontife de ſa Religion, le témoin qui dépoſe de ſes ſentimens, le ſoldat qui combatte pour leur défenſe.

L'état où les hommes ſont réduits, la dépendance où leur eſprit ſe trouve à l'égard du corps, demande qu'ils ſoient avertis par un culte qui frappe les ſens, d'entrer dans les ſentimens où ils doivent être à l'égard de Dieu. C'eſt cet extérieur de Religion qui ſoutient l'ame, qui l'excite & l'aide à s'élever à celui que lui rappellent ces dehors de la Religion. Quelle conſolation pour elle, de pouvoir exprimer par-là les ſentimens qui l'animent, d'y trouver un supplément à sa piété, & un moyen si naturel de l'enflammer & de l'augmenter ! Otez-lui ces objets sensibles, vous verrez bientôt sa Religion s'affoiblir, & tomber dans une langueur qui la conduira à une entière extinction de ses premiers sentimens.

L'homme tient le milieu entre Dieu & les autres créatures ; tout est destiné à son usage, tout est fait pour lui, c'est à lui à faire remonter jusqu'à Dieu tous les êtres corporels, dont il est devenu le centre & le lien qui les unit. C'est par lui qu'ils doivent retourner à leur principe, comme ils en sont sortis pour lui ; il est chargé solidairement de la part de toutes les créatures, de s'acquitter de tout ce qu'elles doivent à leur Auteur ; il est leur ame & leur intelligence, il est leur voix & leur député. Il faut donc que l'homme, établi pour être le Pontife de tous les êtres créés, ait un culte public & solemnel, par lequel il reconnoisse l'empire souverain que Dieu a sur toutes les créatures, par lequel il proteste qu'il le regarde comme l'Auteur & le Maître de toutes choses, & lui rende en leur nom l'hommage de leur dépendance & de leur servitude.

Enfin les hommes étant destinés à vivre en société, & à former un corps de Religion, qui les unisse plus étroitement encore que tous les liens de la nature & du sang, il est nécessaire qu'ils aient un culte visible, par lequel ils puissent se manifester mutuellement leurs dispositions intérieures, & les sentimens de leurs cœurs pour Dieu : ils doivent édifier leurs frères par l'exemple de leur piété, & les porter, par ces témoignages sensibles d'un culte public, à rendre à Dieu l'adoration, l'hommage & le respect qui lui sont dûs.

Ces sentimens & ces principes sont si naturels, si bien gravés dans les cœurs de tous les hommes, que nous voyons dans tous les temps un culte, des autels, des sacrifices, & des jours destinés & consacrés à l'honneur & au service d'un Dieu vrai ou prétendu. L'idolatrie elle-même, qui, dans la suite des siécles, a inondé presque toute la terre, a aussi rendu témoignage à ce point essentiel de la Religion.

En effet, les Démons qui s'y faisoient passer pour des Dieux, & qui en affectoient tous les dehors, n'ignoroient pas quels sont les appanages de la Divinité, & les devoirs de la créature à son égard. S'ils demandoient à leurs adorateurs des temples, des autels, des hosties, des sacrifices, & tout ce qui constitue le culte extérieur; c'est qu'ils sçavoient très-bien que toutes ces choses sont dûes à celui dont ils prenoient le nom, & dont ils vouloient usurper la gloire. Les Nations & les Peuples n'acquiesçoient aussi à leurs desirs, que parce qu'ils étoient intimement persuadés de la même vérité. Il est donc clair qu'on ne peut attaquer la nécessité d'un culte extérieur, sans heurter les lumières de la raison, & sans mépriser l'accord évident & universel de tous les Peuples, pour lequel Rousseau veut qu'on ait tant d'égard.

Mais ce culte extérieur que Dieu exige de nous, ne sauroit être abandonné à la volonté & au caprice de chaque particulier. Pour être agréable à Dieu, il doit être réglé sur ses ordres & sa volonté : c'est à lui à nous le prescrire ; il en doit être le principe, comme il en est la fin ; il faut donc qu'il nous manifeste, par une révélation, ses intentions sur le culte extérieur qu'il exige de nous : car la raison ne peut nous apprendre ni nous suggérer les volontés libres & arbitraires de Dieu à cet égard : elles sont trop éloignées de nos idées & de nos pensées ; il n'y a que la déclaration que Dieu nous en fera lui-même, qui puisse nous en instruire & nous répondre de notre conformité à ce qu'elles exigent de nous ; par conséquent, soit qu'on examine la révélation du côté du culte intérieur, soit qu'on la considère du côté du culte extérieur, l'un & l'autre concourent à démontrer sa nécessité.

A ces preuves, que nous oppose Rousseau ? » Il falloit (*a*), continue-

(*a*) *Tom.* 3, p. 134.

» t-il, un culte uniforme : je le veux » bien ; mais ce point étoit-il donc si » important, qu'il fallût tout l'appa- » reil de la Puissance divine pour l'é- » tablir ? Ne confondons point le cé- » rémonial de la Religion avec la Re- » ligion. Le culte que Dieu deman- » de, est celui du cœur ; & celui-là, » quand il est sincère, est toujours » uniforme : c'est avoir une vanité » bien folle, de s'imaginer que Dieu » prenne un si grand intérêt à la for- » me de l'habit du Prêtre, à l'ordre » des mots qu'il prononce, aux ge- » stes qu'il fait à l'Autel, & à toutes » ses génuflexions. Eh ! mon ami, » reste de toute ta hauteur, tu seras » toujours assez près de terre. Dieu » veut être adoré en esprit & en vé- » rité : ce devoir est de toutes les Re- » ligions, de tous les pays, de tous » les hommes. Quant au culte exté-

» rieur, s'il doit être uniforme pour » le bon ordre, c'est purement une » affaire de police; il ne faut point de » révélation pour cela «.

C'est ici le comble de l'artifice & de la malice. Rousseau ne cherche qu'à donner le change à ses Lecteurs, qu'à tout confondre pour mieux tromper, qu'à éblouir par des plaisanteries ridicules & grossières. » C'est avoir, » nous a-t-il dit, une vanité bien » folle, de s'imaginer que Dieu prenne un si grand intérêt à la forme » de l'habit du Prêtre, à l'ordre des » mots qu'il prononce, aux gestes qu'il » fait à l'Autel, & à toutes ses génuflexions «. Mais quoi, homme sans conscience & sans bonne-foi, avons-nous jamais dit & soutenu, que la révélation fût nécessaire pour prescrire la forme de l'habit du Prêtre, ses gestes & ses génuflexions? Pouviez-vous ignorer que toutes ces choses varient selon les temps & les lieux ? Est-ce donc là en quoi consiste le fond & l'essence du culte extérieur, & n'est-il pas toujours le même, quelle que soit la forme de l'habit du Prêtre, ses gestes & ses génuflexions ? Mais vous serez pris dans les piéges que vous avez voulu nous tendre, & vos propres paroles suffiront pour vous confondre. Ce Prêtre dont vous parlez, & non la forme de son habit ; cet Autel & les sacrifices qui s'y offrent, & non tous les gestes & toutes les génuflexions qui s'y font ; voilà précisément ce qui constitue l'essence du culte extérieur ; voilà ce point si important, qu'il falloit tout l'appareil de la Puissance divine pour l'établir. En effet, le sacrifice étant dû à Dieu, & n'étant dû qu'à lui seul, c'est à lui à le prescrire tel qu'il lui plaît, & à désigner aux hommes un ordre de Prêtres & de Ministres pour le lui offrir. Rousseau nous dit de ne point confondre le cérémonial de la Religion avec la Religion : que n'a-t-il profité de cette leçon ? Lui seul est le coupable ; puisque, pour faire illusion à ses Lecteurs, il a confondu si malicieusement quelques cérémonies accidentelles du culte extérieur avec l'essentiel de ce culte.

Eh ! mon ami, continue Rousseau, *reste de toute ta hauteur, tu seras toujours assez près de terre.* Ver de terre, vile poussière, tiendriez-vous un pareil langage, si vous étiez vivement pénétré de votre néant, de votre bassesse, & de la grandeur infinie de l'Etre suprême, que vous ne cessez d'outrager par vos blasphêmes ? Ne diriez-vous pas plutôt à votre élève : Mon ami, abaisse-toi & confondstoi le plus que tu pourras devant la Majeſté ſouveraine ; tu ne le feras jamais autant que peuvent l'exiger le titre de ta dépendance, ton immenſe pauvreté & ſa grandeur infinie. C'eſt devant ce Dieu que tu adores, que tout ce qu'il y a de grand dans le ciel & ſur la terre, s'éclipſe & diſparoît ; c'eſt ſous le poids de cette Majeſté ſi redoutable, que tout doit s'abîmer & s'anéantir. Ainſi parleroit un homme qui voudroit ſincèrement adorer ſon Dieu en eſprit & en vérité.

Nous convenons avec Rouſſeau, que Dieu veut être adoré en eſprit & en vérité ; que le culte qu'il demande, eſt celui du cœur : mais on n'adore Dieu ainſi, qu'autant qu'on ſe conforme au culte extérieur qu'il nous impoſe. C'eſt être ſuperbe, de le mépriſer & de refuſer de s'y ſoumettre :

c'eſt être impie, de mépriſer ce qui fait partie de la vraie piété. Or tout le culte extérieur ſe rapporte au renouvellement du cœur, comme à ſa fin principale; il ne tend qu'à établir le régne de Dieu au-dedans de nous, qu'à nous conduire & nous affermir dans le culte intérieur; il n'eſt deſtiné qu'à nous inſpirer les ſentimens de l'amour & de la reconnoiſſance, qu'à réveiller notre attention, à purifier nos cœurs, & les détacher des choſes terreſtres, pour les élever & les unir à celui qui en doit être l'objet unique. Tel eſt la fin de tout l'appareil du culte extérieur. On ſent aiſément combien c'eſt lui faire injure, que de le regarder comme étranger à l'adoration en eſprit & en vérité, puiſqu'il en eſt la régle, le modèle & la baſe.

Il eſt vrai, comme nous l'avons

déja dit, que ce feroit une erreur & une fuperftition bien groffière, de s'imaginer plaire à Dieu, & lui rendre l'hommage qu'il attend de nous, que de fe contenter de ces démonftrations extérieures, fans fe mettre en peine d'y répondre par les difpofitions & les mouvemens de fon cœur. En vain feroit-on bruler de l'encens fur les autels du Seigneur; en vain multiplieroit-on les facrifices, fi le cœur ne brule en même-temps d'amour pour lui, s'il ne fe facrifie & fe dévoue tout entier à fa gloire & à fon fervice. Ce feroit faire l'outrage le plus fignalé à la Majefté fuprême, de croïre l'honorer fans l'aimer. Mais ce feroit une illufion auffi funefte, & un autre menfonge, de fe flatter d'adorer Dieu en efprit & en vérité, fans fe foucier du culte extérieur, qui eft une fuite fi néceffaire du premier.

Quand le cœur eſt bien réglé, quand on a donné ſincèrement à Dieu ſon amour & ſes affections, on ne s'aviſe pas de lui diſputer les dehors & la profeſſion extérieure des ſentimens qu'on a pour lui. Il en couteroit trop à un cœur qui aime, pour ne pas donner des témoignages extérieurs de ſon reſpect & de ſa ſoumiſſion, & des marques publiques & éclatantes de ſes hommages & de ſon adoration. Un cœur plein d'amour pour ſon Dieu, ne peut manquer d'empreſſement pour tout ce qui tend à l'honorer, & à peine la Religion lui fournit-elle aſſez de moyens & de pratiques pour ſatisfaire à l'ardeur qui le conſume.

Il ſied bien à nos Incrédules de tourner en ridicule les pratiques & les devoirs du culte extérieur, & de nous les repréſenter comme le partage des

des esprits foibles & des ames vulgaires! Que sont donc ces hommes, qui se piquent de tant de raison, d'élévation, de grandeur & de force d'esprit? Qu'on les suive & qu'on les examine, on leur trouvera toutes les inclinations des ames les plus basses & les plus viles. Ce sont des ames toutes de boue, que toutes les passions dominent, qui ne se conduisent que par les caprices de l'humeur & les inégalités de leur imagination, & que le seul instinct des sens guide comme les animaux sans raison. Qu'apperçoit-on en eux de grand, d'élevé, de digne de la force & de la sublimité de la raison? Tout consiste chez eux dans une vaine ostentation de discours & de paroles; mais leur raison, la force de leur esprit, leur prétendue Philosophie disparoissent & les abandonnent dans les occasions où il faudroit en donner des preuves : ce ne font plus alors que des enfans, que de foibles roseaux que tous les vents agitent à leur gré. S'agit-il des devoirs de la Religion ? c'est alors qu'ils affectent une singularité, une force & une supériorité de génie que tout dément en eux. S'ils sont forts, c'est contre Dieu ; mais ils ne sont que foiblesse, quand il s'agit de se combattre eux-mêmes.

Qu'ont de commun de pareils hommes avec ces héros que la Religion a produits, avec ces grandes ames si recommandables par leurs lumières & leur vertu, si insensibles à toutes les choses de la terre, si généreuses, si intrépides dans tous les dangers, & si disposées à tout sacrifier pour Dieu ? Cependant de tels hommes se confondoient avec la multitude des simples dans les exercices du culte divin,

Plus ils étoient grands par-tout ailleurs, plus ils devenoient ſimples & petits, quand il étoit queſtion de rendre à Dieu les devoirs de la piété. Ces hommes admirables mettoient toutes leurs délices à répandre leurs ames dans ces pratiques extérieures, & à s'animer tous enſemble par ces témoignages réciproques de Foi & de Religion.

Mais ne ſoyons pas étonnés ſi nos Incrédules ne témoignent que du mépris pour le culte extérieur, & cherchent à l'anéantir. Ce n'eſt pas à lui qu'ils en veulent directement, leurs traits portent contre le culte en eſprit & en vérité dont ils ne ſe parent que pour la forme, & pour mieux couvrir leurs deſſeins. Ils n'oſent l'attaquer de front, mais ils s'en prennent au culte extérieur qu'ils ſçavent en être le rempart & le ferme appui. Ils voudroient pouvoir abolir ce culte extérieur qui les gêne, & les expose à passer pour impies en ne s'y conformant pas : s'ils y réussissoient, ils se joueroient ensuite dans le secret de leur cœur, du culte intérieur dont ils se glorifient, & ils jouiroient à leur aise, sans crainte & sans reproche, des malheureux fruits de leur déplorable incrédulité.

Tout ce que nous venons de dire, établit & démontre la nécessité d'un culte extérieur ; & cette nécessité, comme nous avons vu, prouve à son tour celle d'une révélation.

Avant de passer à un autre article, je ne dois pas laisser sans réplique un sophisme des plus singuliers, que Rousseau fait contre la nécessité de la révélation. Voici ses paroles : » On » me dit (*a*) qu'il falloit une révéla-

(*a*) *Tom, III, pag.* 133 *&* 134.

» tion pour apprendre aux hommes » la manière dont Dieu vouloit être » servi ; on assigne en preuve la diver» sité des cultes bisarres qu'ils ont in» stitués ; & l'on ne voit pas que cette » diversité même vient de la fantai» sie des révélations. Dès que les Peu» ples se sont avisés de faire parler » Dieu, chacun l'a fait parler à sa » mode, & lui a fait dire ce qu'il a » voulu «. Peut-on ne pas sentir l'absurdité d'un pareil raisonnement ? Si Rousseau vouloit prouver l'existence d'un Dieu par cette idée si constante & si universelle que tous les hommes en ont eue dans tous les temps, qui les a portés à en admettre un d'une façon ou d'une autre, que diroit-il à celui qui lui répondroit : Vous n'y entendez rien ? Quoi ! ne voyez-vous pas, que cette bisarrerie & cette diversité de Dieux, vient de la fantaisie que les hommes ont eue d'en admettre un ? Dès que les Peuples se sont avisés de penser qu'il y avoit un Dieu, chacun en a fait un à sa mode, chacun en a voulu avoir un de sa façon. Rousseau riroit sans doute d'une pareille réponse ; il auroit compassion de celui qui la lui feroit, & peut-être rougiroit-il pour lui d'un si grand aveuglement. Tel est le cas où nous nous trouvons à son égard.

Il prétend que cette diversité de cultes si bisarres que les hommes ont institués, vient de l'idée si uniforme qu'ils ont eue du besoin d'une révélation : d'où il conclut que cette idée est fausse & une pure fantaisie. C'est assurément comme si on nous disoit que l'idée que les hommes ont toujours eue d'un Dieu, n'est qu'une pure chimère, puisqu'elle a produit tant de Dieux abominables, ces Divinités si méprisables que les Peuples ont adorées. C'est encore comme si l'on soutenoit que le désir que nous avons tous d'être heureux, n'est qu'imaginaire, puisqu'il occasionne tous ces mauvais partis où les hommes se jettent, tous ces crimes & ces désordres qu'ils commettent pour satisfaire ce prétendu désir.

Rousseau a deux poids & deux mesures. Quand il s'agit de combattre la Religion, il abandonne tous les principes qu'il avoit d'abord soutenus contre certains Philosophes. Il avoit établi contre eux, qu'il y a *au fond de nos ames un principe inné de justice & de vertu ;* & il avoit prétendu le prouver par l'*accord* (*a*) *évident & universel de toutes les Nations :* il n'avoit témoigné que de l'indignation contre *la clameur de ces prétendus Sages*, qui

(*a*) *Tome III*, p. 107 & 108.

osent rejetter cet accord, & s'élever contre l'*éclatante uniformité du jugement des hommes ;* & bien-tôt après, cet homme, toujours en guerre avec lui-même, tombe dans la même extravagance, & il ose rejetter cet accord évident & universel de toutes les Nations en faveur de la nécessité d'une révélation, & s'élever contre l'éclatante uniformité du jugement des hommes, qui déposent pour cette vérité.

Comment n'a-t-il pas senti que les Philosophes qu'il réfute, se servant de ses propres armes, le forceroient ou d'admettre les conséquences qui résultent de cet accord de tous les Peuples en faveur de la révélation, ou de n'en tirer aucun argument contre eux sur la question qui les partage ? Ne pourront-ils pas lui dire encore : Quel est ce principe inné de justice

& de vertu, en faveur duquel vous appellez le témoignage de tous les Peuples ? Eh quoi ! ne voyez-vous pas que cette prodigieuſe diverſité de mœurs & de conduite n'a d'autre cauſe que ce prétendu principe inné de juſtice & de vertu ? *Dès que les Peuples ſe ſont aviſés de faire parler Dieu* à leurs cœurs, *chacun l'a fait parler à ſa mode, & lui a fait dire ce qu'il a voulu ;* & l'on s'eſt imaginé ſuivre ſa voix, tandis qu'on n'obéiſſoit qu'à celle de la cupidité & des paſſions. O Rouſſeau (*a*), *toi qui te piques de franchiſe & de vérité, ſois ſincère & vrai, ſi un Philoſophe peut l'être ;* & reconnois une vérité que tu ne peux combattre qu'en faiſant violence à tes principes & tes ſentimens. Ecoute cette conſcience à laquelle tu nous rappelles ; elle te dira ce qu'elle a ap-

(*a*) *Ibid. p.* 109.

pris à tous les Peuples de tous les temps & de tous les lieux. C'est elle qui, au milieu même du désordre, de la confusion & des ténèbres où le genre-humain étoit plongé, lui faisoit entendre le besoin qu'il avoit du secours de la révélation pour remédier à ses maux. C'est elle qui lui faisoit sentir l'insuffisance de tous les autres moyens de la raison & de la conscience elle-même. Aussi n'y eut-il point de révélation apparente, quelque fausse qu'elle fût, qui ne s'établît sans peine. On ne vit point de Peuple qui ne prétendît avoir une Religion révélée. Toutes ces révélations n'étoient, il est vrai, qu'absurdités, que superstitions, qu'impostures : on faisoit une fausse application de l'idée qu'on avoit d'une révélation & de sa nécessité : mais ces erreurs & ces illusions expliquoient clairement la voix de la conſcience, & nous montrent que dans les ſiécles, même les plus ténébreux, les hommes ont ſenti qu'une révélation leur étoit abſolument néceſſaire.

Qu'il faut être aveuglé pour réſiſter encore à des preuves ſi convainçantes! J'aurois pu me diſpenſer d'en rapporter un ſi grand nombre. Après avoir établi l'exiſtence du péché originel, la conſéquence naturelle qui en réſultoit; c'étoit ſans doute la néceſſité d'une révélation. En effet, les prodigieux changemens que le péché a opérés dans notre nature, le bouleverſement général qu'il y a cauſé, les plaies profondes dont il l'a frappé; toutes ces funeſtes & déplorables ſuites de notre chute ne nous font-elles pas aſſez ſentir que le premier ordre étant troublé & renverſé, nous entrons dans un ordre tout nouveau, & nous avons beſoin de recourir à des moyens d'un autre genre pour réparer les débris de notre naufrage? Or la révélation doit à juſte titre être comptée parmi ces moyens, puiſque c'eſt elle, & elle ſeule, qui peut diſſiper ces ténèbres épaiſſes dont notre eſprit eſt couvert, qui ſont, comme nous avons vu, une ſuite néceſſaire du crime que nous avons tous commis dans notre premier père.

Mais il y a plus. L'homme, devenu coupable & prévaricateur, digne de tous les anathêmes de la colere divine, dépouillé de tous les dons de ſa bonté, incapable par lui-même de réparer l'outrage fait à la Majeſté ſuprême, quelle reſſource & quel eſpoir lui reſtera-t-il donc? Comment s'y prendra-t-il pour rentrer en grace avec le Dieu offenſé? Comment même oſera-t-il l'entreprendre? Quel moyen aſſez efficace emploiera-t-il pour y réuſſir ? Qu'offrira l'homme à Dieu en compenſation & pour acquitter ſa dette ? Tout en lui eſt ſouillé, le péché a tout infecté, que pourroit-il préſenter à Dieu qui lui fût agréable & digne de lui ? En vain appelleroit-il à ſon ſecours les autres créatures, il eſt trop au-deſſus d'elles, & ſont trop au-deſſous de Dieu, pour pouvoir lui ſervir de médiateur. Que deviendra donc l'homme, ſi Dieu ne lui parle pour lui apprendre la route qu'il doit tenir ? Ou il va ſe livrer à un déſeſpoir affreux, ſans eſpérance & ſans reſſources, & ſe précipiter d'abîmes en abîmes ; ou, par une autre extrémité auſſi dangereuſe, il croira pouvoir ſe réconcilier avec ſon Dieu par ſes ſervices & ſes efforts ; & ajoutant l'orgueil à ſon indignité, il prétendra s'approcher du thrône de la Divinité, sans l'avoir appaisée. Sa vaine confiance ne fera qu'irriter de plus en plus le Dieu offensé, & ne servira qu'à mettre de nouveaux obstacles à sa réconciliation. L'homme s'épuisera en mille efforts vains & inutiles, sans avancer d'un seul pas vers le terme; son travail toujours infructueux ne remédiera à rien, & le laissera toujours languir sous le poids de sa misère, sans y trouver aucune issue.

Il étoit donc nécessaire que la bonté divine vînt au secours de l'homme, & que, prévenant son désespoir, elle lui marquât la route qu'il devoit tenir pour recouvrer son bonheur. Il falloit qu'elle lui apprît les moyens que sa sagesse avoit destinés pour rétablir son image dégradée, & réparer l'attentat qu'elle avoit commis contre son Auteur. Telle est aussi la conduite que tint à notre égard la miséricorde infinie de notre Dieu. A peine l'homme eſt-il tombé & déchu de ſon premier état, que Dieu lui annonce un Libérateur qui doit le délivrer de l'eſclavage où ſon infidélité l'a réduit. C'eſt lui qui rétablira entre Dieu & l'homme ce ſaint commerce qui vient d'être rompu, & qui le fera rentrer dans tous les droits dont il vient d'être dépouillé.

Cette grande promeſſe pouvoit être ſeule le motif de l'eſpérance d'Adam & de ſa poſtérité. Auſſi fut-elle confiée à ce Chef du genre humain, pour la faire paſſer, par une tradition non interrompue, juſqu'à ſes deſcendans les plus reculés. Elle s'y conſerva avec ſoin pendant un temps; mais bientôt les paſſions des hommes la firent tomber dans un oubli preſque général. Elle fut comme enſévelie au milieu des crimes & des désordres dont la terre étoit inondée. Dieu, toujours attentif à sa promesse, la renouvella une seconde fois à Noé, le père du nouveau monde; & cependant la division des langues & l'idolatrie qui la suivit de près, en effacèrent le souvenir dans presque tous les Peuples. Elle étoit sur le point de périr, même au milieu de la famille de Sem, choisie pour en conserver le dépôt, si Dieu, toujours jaloux de la vérité de ses promesses, n'eût pris de nouveaux moyens pour en perpétuer la mémoire, & en assurer l'accomplissement.

Dieu choisit alors Abraham & sa famille, pour le rendre dépositaire de l'ancienne tradition, conserver par lui le véritable culte, l'ancienne croyance & la première Religion. C'est cet Abraham si célebre parmi les Orien-

taux.

taux. Les Hébreux ne ſont pas les ſeuls qui le regardent comme leur père. Les Iduméens ſe glorifient de la même origine. Les Arabes reconnoiſſent auſſi qu'ils deſcendent d'Abraham par ſon fils Iſmaël. Ils obſervent exactement la circonciſion, comme une preuve de cette origine. Ils l'ont toujours reçue, non comme les Juifs, au huitiéme jour, mais à l'âge de treize ans, temps auquel l'Ecriture nous apprend qu'elle fut donnée à leur pére Iſmaël : nous voyons encore la même coutume perſévérer parmi les Mahométans. Il ſeroit inutile de rapporter ici tout ce que les anciens nous ont dit d'Abraham : les Chaldéens & les Syriens ont écrit beaucoup de choſes de ce grand homme. Toutes ces preuves ſuffiſent pour montrer que ce n'eſt point ici un perſonnage controuvé, & ſon hiſtoire une fiction de l'imposture. Ce que nous dirons dans la suite, en établissant la vérité des Ecritures, démontrera encore mieux la vérité des traits qui caractérisent Abraham.

Ce fut à cet homme si célèbre que Dieu renouvella la promesse du Libérateur. Il promit à ce saint Patriarche, de bénir dans sa race toutes ces Nations aveuglées, qui avoient alors oublié leur Créateur. Par la vertu de ce germe précieux, elles seront un jour éclairées & ramenées à la connoissance de celui qui est l'unique source de toutes les bénédictions.

Jusques-là, Dieu n'avoit rien donné par écrit, qui pût servir de régle aux hommes. La circoncision & les cérémonies qui l'accompagnoient, étoient comme le contrat de l'alliance que Dieu avoit faite avec Abraham & sa postérité. Elle servoit à la diſtinguer des Peuples livrés à l'idolatrie, en la conſacrant au culte du Dieu d'Abraham, d'Iſaac & de Jacob : elle étoit un monument toujours viſible & ſubſiſtant des promeſſes faites à ſes pères.

Enfin les momens marqués dans les décrets de la divine Providence, arrivèrent. Dieu ne voulut point abandonner plus long-temps à la mémoire des hommes, les myſtères de la Religion & de ſon alliance. Il étoit temps d'oppoſer de plus fortes barrières à l'idolatrie, qui faiſant chaque jour de nouveaux progrès, alloit bien-tôt étouffer les foibles reſtes des lumières naturelles. Depuis le temps d'Abraham, l'ignorance & l'aveuglement avoient pris de prodigieux accroiſſemens, & déja toutes les Nations étoient perverties. Moyſe fut celui que Dieu appella pour ce grand ouvrage : par l'ordre & l'inſpiration de Dieu, il recueillit l'hiſtoire de la Religion dans tous les ſiécles paſſés, depuis Adam juſqu'au moment où il écrivoit. C'eſt dans ces Livres divins, que ſe trouve le plan & le deſſein de la Religion pour tous les temps.

Moyſe n'eut pas beſoin de grandes recherches pour raſſembler les traditions de ſes ancêtres : il naquit cent ans après la mort de Jacob. Les vieillards de ſon temps avoient pu converſer pluſieurs années avec ce ſaint Patriarche. La mémoire de Joſeph & des merveilles que Dieu avoit opérées par ce grand Miniſtre des Rois d'Egypte, étoit encore toute récente. La vie d'un petit nombre d'hommes remontoit juſqu'à l'origine des choſes. Lamech, qui avoit vu Adam, avoit auſſi vu Sem : Sem avoit au moins vu Abraham, & Abraham avoit vu Jacob, qui auſſi avoit vu ceux qui ont vécu avec Moyſe.

Cette longue vie des premiers hommes, conſignée dans les Annales du Peuple de Dieu, n'a pas été inconnue aux autres peuples, & leurs anciennes traditions en ont auſſi conſervé le ſouvenir. On peut voir dans les Antiquités de Joſeph, toutes les preuves qu'il en donne. C'étoit auſſi un excellent moyen que la Providence avoit ménagé pour conſerver la vérité parmi les hommes : car pourquoi ne ſommes-nous pas ordinairement aſſez inſtruits des événemens arrivés chez nos ancêtres ? C'eſt qu'il eſt rare que nous ayons vécu avec eux, ou qu'ils ſont ſouvent morts avant qu'on ait atteint l'âge de raiſon : au contraire, les premiers hommes vivant pluſieurs ſiécles, leurs enfans converſoient long-temps avec eux. Par-là ils apprenoient aisément l'histoire de ceux qui les avoient précédés, & la faisoient ensuite passer par la même voie à leurs descendans. Ainsi lorsque Moyse écrivit ses Livres, la mémoire des choses qu'il raconte, devoit être encore toute récente parmi les Juifs. Aussi ce saint Législateur en parle-t-il comme de faits constans, dont on voyoit encore chez les peuples voisins, & sur-tout dans la terre de Chanaan, des monumens autentiques. Moyse doit donc être regardé comme un Historien contemporain, & son Histoire, comme la plus autentique qui soit au monde.

En effet, peut-on s'empêcher de sentir ici tous les traits de sincérité & de vérité qui caractérisent ce grand homme ? Un imposteur qui auroit voulu tromper tout un peuple, auroit-il tenu une pareille conduite ? auroit-il raconté des événemens dont tout le monde pouvoit être instruit ? Un homme aussi habile que Moyse, auroit pris des moyens pour qu'on ne pût le convaincre de fourberie : il eût cherché à s'envelopper dans une multitude de générations, qui pouvoient aisément dérober la connoissance du vrai. Mais par la manière dont il s'y prend, il n'est pas possible, s'il a dessein de tromper, que ses mensonges ne soient découverts. Vous nous rapportez, auroient dit les Juifs, des choses dont nous n'avons aucune connoissance, dont nous n'avons jamais entendu parler. Cependant, si tous ces faits étoient vrais, nous devrions en être instruits par le petit nombre de générations que vous comptez depuis leur accomplissement : nous devrions presque toucher à ces grands événemens, ils devroient être parmi nous d'une notoriété publique : il faut donc que vous ſoyez un fourbe, qui ne cherche qu'à nous en impoſer.

Tout ce que Moyſe a écrit, s'accorde auſſi admirablement avec ce que les plus anciens & les plus habiles Hiſtoriens des autres Peuples nous ont rapporté. On peut lire dans Joſeph cette multitude de témoignages des Auteurs Egyptiens, Chaldéens, Phéniciens & Grecs, qu'il cite contre Apion pour prouver l'antiquité de ſa Nation, & pour confondre les fables ridicules & les calomnies groſſières que cet Ecrivain avoit répandues contre les Juifs. Si nous conſultons les traditions des différens peuples, nous y verrons, malgré les fables qu'ils y ont mêlées, le fond des grandes vérités renfermées dans les Ecrits de Moyſe.

En effet tous les peuples qui nous

ont laissé quelques monumens, ont eu l'idée de la création du monde; d'abord informe, & réduite après à l'état où nous le voyons. Ils ont tous fait mention d'un premier âge où les hommes, pour prix de leur innocence, vivoient dans une paix profonde, & jouissoient d'un bonheur parfait. Ils ont aussi parlé d'un autre âge, où le crime avoit précipité les hommes du faîte du bonheur dans un abîme de misères. Le déluge universel, l'arche qui sauva de ses eaux un petit nombre d'hommes, n'ont pas été ignorés des peuples. Leur tradition nous apprend que le monde a été repeuplé par un seul homme, conservé au milieu du naufrage du genre-humain. Ils ont connu ses trois fils, & le partage qu'ils firent entr'eux de l'empire de l'Univers. Rien n'est plus souvent répété dans les anciens monumens que l'audacieux attentat de ces hommes téméraires, qui entreprirent un édifice d'une hauteur extraordinaire, pour se mettre désormais à couvert des vengeances du Ciel. Ils nous représentent encore l'orgueil de ces hommes confondus, & forcés d'abandonner l'entreprise qu'ils méditoient.

Tous ces points ont toujours été universellement reçus parmi les hommes par une tradition constante & uniforme. Il est vrai que par le laps des temps, les hommes y ont mêlé quantité de fables qui les ont défigurés : mais à travers ces nuages & ces voiles, la vérité perça assez pour se faire reconnoître. Ainsi le concert de tous les peuples, à qui cependant les Ecritures ont été inconnues, démontre clairement la vérité de ces mêmes Ecritures dans ce qu'elles contiennent de plus ancien & de plus étonnant : car n'eſt-il pas évident que des traditions ſi univerſelles, ſubſiſtantes parmi toutes les Nations, malgré la diſtance des lieux & des temps, malgré la diverſité des mœurs & des langues, n'ont pu avoir d'autre fondement, que des vérités clairement certaines & généralement connues ?

Je pourrois entaſſer ici une multitude de preuves de tout genre & de toute eſpèce, pour démontrer la certitude & la divinité des Livres ſaints (*a*).

(*a*) » Quelle force de témoignage, dit un Auteur » judicieux, en faveur de la vérité de ces Livres ! » La conduite du Peuple Hébreux, ſeul exempt de » l'idolatrie ; ce concert des Samaritains & des Juifs » qui, malgré leur antipathie déclarée, ont con- » ſervé, les uns & les autres, le Pentateuque ſous » la même forme ; les Hiſtoires anciennes qui font » mention de Moyſe, ou dont la narration con- » firme pluſieurs des faits que celui-ci rapporte ; » les caractères de ſincérité qui s'annoncent dans » cet Ouvrage ; les monumens, les fêtes, les céré- » monies qui ont conſacré à la poſtérité certains » événemens du temps de Moyſe ; les miracles du » Légiſlateur, non moins avérés qu'éclatans : tout » cela ne laiſſe plus de doute aux amateurs de la » vérité «.

Mais l'objet que je me suis proposé ; ne me permet pas une si longue digression : je me bornerai uniquement à ce qu'exigent les objections de Rousseau. Voici comment il parle de la révélation :

» A l'égard de la révélation, si j'é» tois meilleur raisonneur, ou mieux » instruit (*b*), peut-être sentirois-je » sa vérité, son utilité pour ceux qui » ont le bonheur de la reconnoître ; » mais si je vois en sa faveur des » preuves que je ne puis combattre, » je vois aussi contre elle des obje» ctions que je ne puis résoudre. Il y a » tant de raisons solides pour & con» tre, que ne sçachant à quoi me dé» terminer, je ne l'admets ni ne la » rejette ; je rejette seulement l'obli» gation de la reconnoître, parce que » cette obligation prétendue est in-

(*b*) *Tom. III, pag.* 178.

» compatible avec la justice de Dieu ; » & que loin de lever par-là les ob- » stacles au salut, il les eût multi- » pliés, il les eût rendus insurmonta- » bles pour la plus grande partie du » genre-humain. A cela près, je reste » sur ce point dans un doute respe- » ctueux «. C'est avec raison, que Rousseau convient que s'il étoit meilleur raisonneur ou mieux instruit, il sentiroit la vérité de la révélation, & son utilité pour ceux qui ont le bonheur de la reconnoître. Mais quoi ! faut-il donc être un si grand raisonneur pour appercevoir des vérités si palpables & si évidentes ? Rousseau avoue qu'il voit, en faveur de la révélation, des preuves qu'il ne peut combattre. Qu'il faut donc qu'elles soient fortes & décisives, pour être à l'abri des traits d'un Incrédule, armé pour combattre ce qu'il y a de plus certain parmi les hommes, & toujours prêt à contester les faits même scellés d'un consentement universel !

Mais qu'est-ce donc qui l'empêche de se rendre, & d'admettre la révélation ? Il voit, nous dit-il, contre elle des objections qu'il ne peut résoudre. Je le veux. Sera-ce donc une raison pour lui refuser sa soumission ? Où en serions-nous, s'il falloit n'admettre que les points dont chacun peut résoudre les difficultés ? Avec un pareil principe, qu'y auroit-il de certain dans le monde ? Les choses dont on doute le moins, sont sujettes à des difficultés insurmontables : l'Univers entier, dont l'existence ne pourroit être contestée que par des hommes absolument sans raison, nous présente dans ses différentes parties, un amas de difficultés indissolubles.

Et où l'esprit de l'homme n'en trouve-t-il pas ? Dans l'ordre physique comme dans l'ordre moral, l'homme se trouve arrêté, & est obligé de reconnoître les bornes étroites de son intelligence. Nous voyons aussi que dans toutes les sciences, dès que les vérités qu'on y traite sont une fois démontrées par des preuves suffisantes, on ne se met plus en peine des objections, quelque fortes qu'elles puissent être. On n'en demeure pas moins attaché à la vérité démontrée, quoiqu'on ne puisse satisfaire à toutes les objections : autrement on ne tiendroit plus à rien, & les hommes seroient chaque jour obligés de renoncer aux vérités les mieux établies. Pour détruire des vérités solidement démontrées, il ne suffit pas de former contre elle des objections qu'on ne puisse résoudre ; mais il faut combattre directement les preuves qui les garantissent, sans quoi la force & la solidité de ces preuves suffisent elles mêmes pour montrer l'inutilité & la foiblesse de toutes les objections.

Rousseau aura-t-il toujours l'injustice d'abandonner & de combattre, quand il s'agit de la Religion Chrétienne, les principes qu'il a d'abord adoptés & suivis? N'admet-il pas, dans sa profession de foi, plusieurs points qui souffrent des difficultés, qu'il n'oseroit se flatter de pouvoir résoudre? La spiritualité de l'ame, qu'il soutient contre les Matérialistes, combien d'objections n'a-t-elle pas à essuyer? & la seule raison de Rousseau est-elle capable de les résoudre toutes? Mais, pour mieux juger de son aveugle partialité, écoutons-le s'expliquer lui-même: » Repassant

dans

» dans mon esprit (*a*) les diverses opi-
» nions qui m'avoient tour à tour en-
» traîné depuis ma naissance......
» comparant entr'elles toutes ces dif-
» férentes idées dans le silence des
» préjugés, je trouvai que la premiè-
» re & la plus commune étoit aussi
» la plus simple & la plus raisonna-
» ble ; & qu'il ne lui manquoit, pour
» réunir tous les suffrages, que d'a-
» voir été proposée la dernière. Ima-
» ginez tous vos Philosophes anciens
» & modernes, ayant d'abord épuisé
» leur bisarre systême de force, de
» chance, de fatalité, de nécessité,
» d'atômes, de monde animé, de
» matière vivante, de matérialis-
» me de toute espèce ; & après
» eux tous, l'illustre Clarke, éclai-
» rant le monde, annonçant enfin
» l'Etre des êtres & le dispensateur

(*a*) *Tom. III. pag.* 31 *& suiv.*

» des choses. Avec quelle universelle » admiration, avec quel applaudissement unanime n'eût point été reçu » ce nouveau système, si grand, si » consolant, si sublime, si propre à » élever l'ame, à donner une base à » la vertu, & en même-temps si » frappant, si lumineux, si simple, » & ce me semble, offrant moins de » choses incompréhensibles à l'esprit » humain, qu'il n'en trouve d'absurde en tout autre système. JE ME DISOIS : LES OBJECTIONS INSOLUBLES » SONT COMMUNES A TOUS, PARCE » QUE L'ESPRIT DE L'HOMME EST TROP » BORNÉ POUR LES RÉSOUDRE, ELLES » NE PROUVENT DONC CONTRE AUCUN PAR PRÉFÉRENCE ; MAIS QUELLE DIFFÉRENCE ENTRE LES PREUVES DIRECTES « ! Après avoir établi un principe si juste & si lumineux, comment oser encore alléguer contre la révélation, le vain prétexte des objections qu'on ne peut résoudre? Elles sont communes à tous, dit fort bien Rousseau, parce que l'esprit de l'homme est trop borné pour les résoudre; elles ne prouvent donc contre aucun par préférence. Pour être obligé de se soumettre à la révélation, il suffit donc de voir en sa faveur des preuves qu'on ne puisse combattre; & Rousseau convient que les siennes sont de cette nature.

Le portrait que Rousseau vient de tracer, est exactement celui de la Religion Chrétienne. Qu'on imagine tous ces Philosophes anciens & modernes avec tous leurs bisarres systêmes, & après eux, non l'illustre Clarke, mais la Religion Chrétienne, d'où il a puisé ces beaux sentimens, & dont il a pris la défense par ses Ecrits; qu'on considere cette Religion, éclairant le monde, annonçant l'Etre des êtres & le dispensateur des choses, montrant aux hommes leur état, la fin si grande & si noble à laquelle ils sont destinés, & les moyens sûrs pour y parvenir; avec quelle universelle admiration, avec quel applaudissement unanime ne doit point être reçu un système si grand, si consolant, si sublime, si propre à élever l'ame, à donner une base à la vertu, & en même-temps si frappant, si lumineux, si simple, & offrant moins de choses incompréhensibles à l'esprit humain, qu'il n'en trouve d'absurdes en tout autre système! Si l'on peut former des objections contre elle, en faut-il être étonné? Elles sont communes à tous. Mais quelle différence entre les preuves directes des uns & des autres! Les preuves de la Religion Chrétienne sont portées au dernier dégré d'évidence. C'eſt une multitude de faits, tous marqués au coin d'un ſurnaturel inconteſtable ; une longue ſuite & une tradition toujours conſtante de témoins irréprochables, de témoins qui méritant à tous égards une entière créance, démontrent l'autenticité & la vérité de tous ces faits : que trouvera-t-on de ſemblable partout ailleurs ? Que ceux qui prétendent diſputer avec la Religion Chrétienne, paroiſſent ; qu'ils préſentent tous leurs titres, nous verrons que, par le plus étonnant contraſte qui fût jamais, ils ne ſerviront qu'à relever l'éclat & la lumière de ſes preuves. Tandis que les autres n'ont que des fables à nous conter, que des ſyſtêmes qui déshonorent & aviliſſent l'humanité ; la Religion Chrétienne nous offre la doctrine la plus pure, la morale la plus élevée, la plus analogue à nos besoins, & la plus consolante.

Comment Rousseau peut-il nous dire qu'il *y a tant de raisons pour & contre la révélation, que ne sçachant à quoi se déterminer, il ne l'admet ni ne la rejette?* Plaisante Logique! Y a-t-il rien de solide, que ce qui est juste & vrai? Et le vrai peut-il jamais être opposé au vrai? Ainsi, dire qu'il y a des raisons solides pour & contre, c'est avancer que la vérité est le pour & le contre, qu'elle est aux prises avec elle-même, qu'elle fournit des armes à son adversaire pour agir & combattre contre elle. Puis donc que Rousseau est forcé de convenir, que la révélation est appuyée de raisons solides, de preuves qu'il ne peut combattre, qu'il reconnoisse, comme une conséquence nécessaire de ses aveux, qu'il ne peut y avoir contre la révélation, de raiſons réellement ſolides. Il peut y en avoir qui paroiſſent telles ; mais dès que nous ſommes aſſurés que la révélation a pour elle des raiſons ſolides, nous ne devons plus douter que toutes les raiſons qu'on peut apporter contre elle, ne ſauroient avoir qu'une ſolidité ſpécieuſe, apparente, & relative aux diſpoſitions qui nous affectent.

Mais je ne dois pas laiſſer paſſer une diſtinction de Rouſſeau auſſi fauſſe que biſarre, qu'il fait dans le paſſage que nous venons de citer. » Je rejette ſeulement, a-t-il dit, l'obligation de la » reconnoître (la révélation), parce » que cette obligation prétendue eſt » incompatible avec la juſtice de Dieu; » & que loin de lever par-là les ob» ſtacles au ſalut, il les eût multi» pliés, il les eût rendu inſurmon» tables pour la plus grande partie du » genre-humain «. Quoi donc ! ſi la révélation eſt établie par des preuves qu'on ne puiſſe combattre, ſi ſa divinité eſt clairement démontrée, ce ne ſera pas une obligation pour les hommes de la reconnoître? A-t-on jamais avancé un paradoxe auſſi étrange? Quel autre que Rouſſeau ſeroit capable d'un pareil blaſphême? Quoi! Dieu parlera aux hommes, il leur ſera connoître ſes volontés, il leur intimera ſes ordres, il emploiera, pour les perſuader que c'eſt lui qui parle, tout l'appareil de ſa majeſté; & les hommes ne ſeront point obligés de le reconnoître, d'obéir & de ſe ſoumettre à ſa voix? Comment traiteroit-on dans l'ordre civil, un homme qui oſeroit ſoutenir qu'un Sujet n'eſt pas tenu de déférer aux loix de l'Etat, ou aux ordres du Souverain, lorſqu'elles ſont une fois bien conſtatées? Mais quelle différence encore entre un homme qui parle, & un Dieu dont les volontés toujours justes, toujours saintes, ne peuvent permettre le moindre délai dans la soumission !

Rousseau ne nous dit pas sur quel fondement il croit pouvoir assurer que l'obligation dont il s'agit ici, est incompatible avec la justice de Dieu. Pense-t-il donc qu'il n'a qu'à juger, prononcer & décider, pour qu'on le croie sur sa parole, lui qui conteste à Dieu même le droit de se faire croire sur la sienne ? Mais qu'il s'en faut que l'obligation de reconnoître la révélation, soit incompatible avec la justice de Dieu ! C'est cette justice même qui impose ce devoir à l'homme; & parce que Dieu est juste & amateur de l'ordre, il ne peut dispenser sa créature de cette obligation. Si Dieu parle aux hommes, s'il se manifeste à eux par la révélation, c'est pour leur avantage : ce don & ce bienfait exigent un tribut d'amour & de reconnoissance : comment le lui rendra-t-on, si on n'est pas obligé de recevoir ce qu'il daigne nous apprendre ? Cette soumission est le premier pas & le premier témoignage de la reconnoissance pour un Dieu qui nous parle. Nous avons démontré à Rousseau la nécessité d'une révélation ; il y a donc une obligation pour l'homme de la reconnoître, puisque, comme nous l'avons prouvé, ce n'est que par cette voie qu'il peut apprendre les vérités essentielles à son salut.

Rousseau ne fait-il pas pitié, quand il vient nous dire fort sérieusement, que par la révélation & l'obligation de s'y soumettre, Dieu, loin de lever les obstacles au salut, les eût multipliés, les eût rendu insurmontables pour la plus grande partie du genre-humain ? Quelle extravagance ! quelle rêverie ! la révélation multiplier les obstacles au salut ! C'est elle, comme nous l'avons déja fait voir, qui est venue applanir aux hommes les voies qui y conduisent. Errans çà & là, sans pouvoir trouver aucune issue, la révélation a pris les hommes comme par la main, pour les tirer de ces labyrinthes d'erreurs où ils s'étoient perdus ; elle les a fait entrer dans les sentiers de la justice & de la vérité dont il s'étoient si fort écartés ; elle ne cesse de les éclairer & de les diriger, jusqu'à ce qu'elle les ait mis en sûreté dans le port. Avant qu'elle parût, c'étoit alors que les obstacles étoient multipliés & vraiment insurmontables, même aux plus grands esprits. Que devoit-ce être pour le reste du genre-humain ? Mais depuis qu'elle a été manifestée aux hommes, les plus simples se trouvent instruits des plus grandes vérités sans peine, sans travail & sans efforts. Tous n'ont plus qu'à suivre la route qui leur est montrée pour arriver sûrement au salut. Il est vrai que si, pour connoître la vérité de la révélation, il falloit prendre tous les moyens que Rousseau exige & prescrit, alors l'obligation de la recevoir, loin de lever les obstacles au salut, les multiplieroit au contraire, & les rendroit insurmontables pour la plus grande partie du genre-humain. Mais nous prouverons bien-tôt à Rousseau, qu'il ne cherche qu'à effrayer ses Lecteurs, en entassant des difficultés qui paroissent invincibles; mais qui s'évanouissent sans peine, dès qu'on les examine à la lumière d'une droite & saine raison.

Nous lui ferons voir que les preuves de la révélation sont si simples, si claires, si sensibles, qu'elles sont à la portée des esprits les plus communs. Il sentira qu'il faut plus de bonne-foi & de sincérité, que de travail & d'application, pour en découvrir la vérité.

En attendant, remarquons la déclaration que nous fait Rousseau dans l'endroit déja cité. Il proteste rester sur le point de la révélation, dans un doute respectueux ; nous allons bientôt voir comment il vérifie le principe qu'il a avancé plus haut.

» Comment, dit-il, peut-on être » Sceptique par systême & de bonne-» foi *(a)* ? Je ne sçaurois le compren-» dre. Ces Philosophes, ou n'existent » pas, ou sont les plus malheureux » des hommes. Le doute sur les cho-» ses qu'il nous importe de connoî-

(a) *Tom. III*, *p.* 26.

» tre, eſt un état trop violent pour » l'eſprit humain ; il n'y réſiſte pas » long-temps, il ſe décide malgré lui » de maniere ou d'autre ; & il aime » mieux ſe tromper, que ne rien croi- » re «. Auſſi le prétendu doute reſpe-ctueux de Rouſſeau, n'eſt-il qu'un voile pour mieux couvrir les menſonges, les impiétés, les blaſphêmes qu'il a deſſein de vomir contre la révélation. Il ne veut paroître douter, que pour combattre plus ſûrement ; il ne feint de reſpecter, que pour mieux déguiſer ſes attentats ſacriléges. On en ſera bien-tôt convaincu.

Rouſſeau reconnoît qu'il voit en faveur de la révélation, des preuves qu'il ne peut combattre ; & il n'y a pas de moyens, il n'eſt pas d'effort qu'il n'emploie pour les détruire juſques dans les fondemens. Comme il n'ignore pas que les miracles & les prophéties ſont les principaux titres de la révélation, il ſe ſert de tout l'artifice dont il eſt capable, pour en infirmer l'autorité; il met en œuvre tous les ſophiſmes qui lui ſont ordinaires, pour en affoiblir la force & en diminuer l'impreſſion. Il a bien ſenti qu'il étoit difficile de nier l'exiſtence de toutes ces choſes : mais pour y réuſſir, rien n'eſt ſacré pour lui; il franchit toutes les barrières, il n'épargne pas même les principes de la certitude humaine. Lui démontre-t-on la révélation par les prodiges faits pour la confirmer? » Des prodiges, » des miracles (*a*), s'écrie-t-il! je n'ai » jamais rien vu de tout cela (*b*). Et » qui a vu ces prodiges? Des hommes » qui les atteſtent. Quoi, toujours des » témoignages humains? toujours des

(*a*) *Tom. III. pag.* 155.
(*b*) *Ibid. p.* 141.

„ hommes qui me rapportent ce que „ d'autres hommes ont rapporté ? « Rousseau n'a pas vu de miracles ! He quoi ne les voit-il pas tous les jours dans les effets qu'ils ont produits? Comment l'Univers, s'il n'avoit vu des miracles, auroit-il cru des choses si incroyables en apparence ? Qui a pu faire un si grand changement dans le monde, renverser les idoles, détruire l'idolatrie, porter tant de peuples & de grands hommes à embrasser la Religion Chrétienne, engager tant de Martyrs à donner leur vie pour elle, si ce n'est la force & l'éclat de ses miracles ? Jamais les Nations n'auroient pu croire en si peu de temps, ce qu'une petite poignée d'hommes, sans art, sans science & sans crédit, venoient leur proposer au milieu de tant de contradictions, si l'autorité des signes & des prodiges n'avoient comme arraché

arraché leur consentement, en les faisant triompher de tous les obstacles. Tout sent, tout crie le miracle dans la Religion Chrétienne, comme nous l'avons déja prouvé; & l'Incrédule vient encore nous dire: Je n'en ai point vu. Qu'il ôte le bandeau que ses passions, ses préjugés, son entêtement lui ont mis sur les yeux, & il sera étonné de n'avoir pas vu la lumière qui l'environnoit de toutes parts. Mais il faut suivre l'Incrédule dans tous ses retranchemens. Je veux qu'il n'ait vu aucun des miracles, des prodiges, des faits surnaturels, dont la Religion Chrétienne s'autorise. Ne faudra-t-il donc croire que ce que nous aurons vu de nos propres yeux? Ceux que la nature en a privés, selon cet extravagant systême ne doivent donc rien croire de tout ce qui se passe autour d'eux? Notre esprit est invisible par sa nature, ſes ſentimens & ſes diſpoſitions ne tombent pas plus ſous les ſens ; & cependant avec quelle fermeté tous les hommes ſenſés ne croient-ils pas la réalité & l'exiſtence de toutes ces choſes ? Comment ne croire que ce que nos yeux nous rapportent, puiſque nous ne doutons jamais ſi nous croyons ou non, quoique nos yeux ne puiſſent l'appercevoir ?

Si les principes de Rouſſeau ſont vrais, il ne doit plus y avoir d'amitié dans le monde : car qui eſt-ce qui voit de ſes yeux l'affection & la bonne volonté de ſon ami ? Comment s'appliquera-t-on à payer d'un ſincère retour ſa bienveillance, puiſque nos yeux ne l'appercevant pas, on ne pourra en être perſuadé ? Dira-t-on que l'on voit & que l'on connoît l'affection d'un ami par les œuvres qu'elle produit ? Mais ce ne ſont-là que les ſignes de l'amitié, souvent fort équivoques, & non l'amitié même. Si on enléve cette foi des choses humaines, qui ne sent le trouble & l'horrible confusion qui en résulteront ? Que restera-t il d'intact & de sacré dans la société civile, si nous ne voulons croire que ce que nous aurons vu ? Qui est-ce qui s'aimera d'une charité mutuelle, puisqu'on n'aime qu'autant qu'on croit être aimé ? Ainsi l'amitié périra parmi les hommes, & dès lors ces liens doux & sacrés du mariage & de la proximité du sang se trouveront rompus & anéantis. Ni l'époux ni l'épouse ne pourront plus s'aimer mutuellement ; ils ne pourront désirer d'avoir des enfans, parce qu'ils ne croiront pas qu'ils leur rendent un jour ce qu'ils leur devront. Ces enfans, s'ils en ont, arrivés à l'âge de raison, aimeront-ils leurs parens, puisqu'ils ne verront pas l'amitié que ceux-ci peuvent avoir pour eux ? Comment même se persuaderoient-ils que ce sont leurs parens & ceux de qui ils tiennent la naissance ? Ils ne l'ont pas vu, ils n'ont pu connoître par aucun usage de leurs sens, le moment de leur origine ; ils ne peuvent le sçavoir que sur le rapport d'autrui : cependant, sur l'autorité de ceux qui ont assisté à leur naissance, les hommes croient sans hésiter & avec fondement qu'ils ont eu pour pères & mères ceux qu'on leur a désignés. Si on agissoit autrement, dans quel affreux désordre le monde ne se verroit-il pas plongé ? La piété, ce lien précieux du genre-humain, seroit ouvertement violée, elle dégénéreroit en un mépris déclaré & une impiété sacrilége. Voilà où conduiroit le criminel systême de l'incrédulité.

Avec de pareils principes, quelle justice pourroit-on rendre aux hommes? Comment pourroit-on réprimer les crimes & les désordres? Dans quel cahos d'incertitudes les Juges & les Magistrats ne tomberoient-ils pas? Pour juger, il faut croire; pour croire, selon Rousseau, il faut avoir vu; & cependant les Juges n'ont presque jamais été témoins des affaires sur lesquelles ils prononcent.

D'où viennent les distinctions des familles? Sur quoi sont établis leurs noms, leur antiquité, leur noblesse? N'est-ce pas sur une suite de faits que personne de nous n'a vu passer sous ses yeux, mais qui sont consignés dans des monumens autentiques qui nous ont été transmis de main en main? Si quelqu'un osoit contester tous ces faits & ces monumens, parce qu'il n'en a pas été témoin oculaire, comment le traiteroit-on ? quel égard auroit-on à ses frivoles objections ? Ne passeroit il pas à juste titre pour un insensé, qui veut mettre par-tout le trouble & la confusion ?

Il en est de même de la possession des terres, des biens & des revenus dont les hommes jouissent. Elle est fondée sur des titres, dont souvent personne de ceux qui existent n'a vu l'origine & l'érection. C'est sur ces titres que les hommes jugent & décident des droits des particuliers : ne seroit-ce pas un bel argument, pour s'en débarrasser & les anéantir, que de prétendre qu'on n'a point vu passer ces titres, ces actes & ces contrats ? Ce seroit, il faut l'avouer, un excellent moyen pour se liquider des obligations que nos ancêtres ont pu contracter ?

Qu'on admette ce systême, les Rois

mêmes seront-ils en sûreté sur leurs Thrônes ? C'est sur une suite non interrompue de témoignages humains, que leur régne est établi & affermi. Nous ne sçavons l'érection de la Monarchie dans un Royaume, que par les faits que l'histoire nous en apprend. Tous ceux qui ont vécu moins d'un siécle après, n'ont rien vu de ce qui s'est passé alors ; & nous, qui vivons aujourd'hui, nous ne connoissons la forme du gouvernement que par les anciens monumens, & la tradition de nos pères venue de siécle en siécle jusqu'à nous. Si donc Rousseau a raison de ne rien croire que ce qu'il aura vu, nous avons tort de reconnoître pour Souverains, ceux qui ont une origine trop ancienne pour que nous puissions en avoir été témoins ; & désormais les hommes ne devront plus regarder comme leurs

Rois, leurs Maîtres & leurs Chefs, que ceux à qui ils auront vu déférer ces qualités, ces droits & ces prérogatives. Tous ces hommes qui entreprennent de si longs & de si pénibles voyages, pour aller dans des lieux qu'ils n'ont jamais vus, sont au jugement de Rousseau, des fous & des téméraires, parce qu'ils croient sans hésiter, sur le témoignage d'autrui, l'existence de ce qu'ils n'ont pas vu.

Enfin, pour abréger, que Rousseau nous dise sur quel fondement on croit dans le monde, qu'il y a eu une République Romaine, une Ville de Carthage, un Scipion, un Annibal, un César, un Pompée, & quantité d'autres faits que personne de nos jours n'a pu voir ? Qui est-ce qui a pu persuader les hommes de tant de siécles, qu'il y a eu autrefois un Hypocrate, un Platon, un Aristote, un Cicéron,

& que ces hommes célébres sont auteurs des Livres qui portent leurs noms? N'est-ce pas parce que les Historiens de ces temps-là ont parlé de ces grands hommes, ont fait mention de leurs Ecrits, & que ce sentiment toujours uniforme depuis eux jusqu'à nous, s'est confirmé de plus en plus par l'opinion commune de tous les hommes qui se sont succédés, & le consentement de tous les siécles? Tous les hommes demeurent d'accord de ces principes ; le doute sur ces points passeroit pour une vraie folie ; on se moqueroit d'un homme qui voudroit contester des faits aussi certains ; & pour toute réponse, on ne lui témoigneroit qu'un souverain mépris : *Unde si quis hoc neget, nec saltem refellitur, sed ridetur.* Augustinus.

Mais je me trompe. Rousseau, ce Sçavant si grave, si judicieux, si bon critique, va nous apprendre que les hommes n'y ont rien entendu jusqu'ici, & qu'ils n'ont fait que s'égarer dans de vaines recherches.

» Les anciens Historiens, nous dit-» il (*a*), sont remplis de vues dont » on pourroit faire usage, quand mê-» me les faits qui les présentent se-» roient faux : mais nous ne sçavons » tirer aucun vrai parti de l'histoire, » la critique d'érudition absorbe tout, » comme s'il importoit beaucoup » qu'un fait fût vrai, pourvu qu'on en » pût tirer une instruction utile. Les » hommes sensés doivent regar-» der l'histoire comme un tissu » de fables, dont la morale est » très-appropriée au cœur hu-» main «. On voit d'abord ici le dépit secret que notre incrédule a conçu contre l'examen d'une saine critique;

(*a*) *Tom. I, p.* 440 *note.*

ce n'eſt qu'avec un noir chagrin qu'il voit qu'on s'applique à démêler le vrai d'avec le faux, qu'on travaille à fournir aux hommes des moyens ſûrs pour juger des événemens paſſés, & qu'on leur préſente des lumières pures pour le réglement de leur conduite. Tel eſt le plan de l'incrédulité; elle ne cherche qu'à tout confondre pour ſe mieux envelopper; elle ne s'occupe qu'à répandre des nuages & des ténébres ſur ce qu'il y a de plus certain & de plus aſſuré. Voilà les moyens dont elle a beſoin pour ſe ſoutenir & s'accréditer; elle craint le grand jour; la lumière feroit trop ſentir ſes vices & ſa difformité.

Mais qui pourra pardonner à Rouſſeau, d'avoir voulu ébranler & renverſer d'un ſeul trait de plume tous les fondemens de la ſociété civile? *Les hommes ſenſés doivent regarder l'hi-*

ſtoire comme un tiſſu de fables ? Quel eſt au contraire l'homme ſenſé, qui pourra lire ou entendre un pareil paradoxe, ſans être juſtement indigné ? Sans doute, que Rouſſeau ſe regarde comme le modèle des hommes ſenſés, & qu'il juge d'eux par lui-même. Mais quel homme ſenſé ! oui, ſi nous n'avions que des hiſtoires ſemblables à celles que les Incrédules de nos jours ont fabriquées, c'eſt alors que les gens ſenſés devroient les regarder comme un tiſſu de fables. Mais que les autres ſont bien différentes ! Dictées par l'amour & l'eſprit du vrai, recueillies à ſa lumière ; c'eſt ce même amour du vrai qui leur a concilié les ſuffrages de tous les temps, qui les a conſervées & tranſmiſes juſqu'à nous.

Qui ne ſera frappé ici de l'aveuglement & de l'obſtination de nos Incrédules ? Trouvent-ils dans les événemens passés quelque fait isolé dont ils esperent tirer avantage ? Ils le citent avec leur emphase ordinaire, ils le manient de toutes les façons, ils le tournent dans toutes ses faces pour en exprimer toute la force qu'ils en attendent. Leur répond-on par des faits de toute espèce ? Les mieux constatés ne sont plus alors que des contes faits à plaisirs, que des tissus de fables.

Quelle idée prétend-on nous donner de tous ceux qui nous ont précédés, & qui ont pris tant de soin de nous faire passer les événemens de leurs siécles ? On nous traduit tous ces hommes si amateurs du vrai, si attentifs à le recueillir, si exacts à le rapporter, comme autant d'imposteurs, de gens sans foi, sans pudeur, qui nous ont débité des tissus de fables comme les plus grandes vérités. Qu'on juge de l'incrédulité par les principes si révoltans qu'elle est obligée d'avancer pour se maintenir. De pareilles folies, des extravagances si inouies, ne devroient-elles pas soulever tous les esprits sensés contre elle, la couvrir d'une confusion éternelle, & la faire rentrer à jamais dans ces antres de ténébres où elle a pris naissance?

O l'étrange absurdité! quoi! on pourra dire dans deux cents ans, que tous ceux qui vivent aujourd'hui, que tous ceux qui écrivent; sont des personnage supposés; que Rousseau & ses Ecrits ne sont qu'une fable? On pourra soutenir alors que tous les Rois qui régnent à présent, n'ont jamais régné; que toutes les Monarchies que nous voyons, n'ont jamais subsisté; en un mot, que tout ce qui se passe de nos jours de plus éclatant, de plus remarquable & de plus certain, n'eſt qu'un menſonge adroitement controuvé, ou un tiſſu de fables? Dans deux cents ans les hommes ne ſçauront ce qui ſe fait de notre temps, que par le récit des Hiſtoriens & la tradition de ceux qui les auront précédés. S'il nous eſt permis de mépriſer & de rejetter l'autorité que les Hiſtoriens des ſiécles derniers ont acquiſe; ceux qui nous ſuccéderont, n'auront-ils pas le même droit de ne rien croire de tout ce que les Hiſtoriens de notre ſiécle leur rapporteront?

Voilà où conduit le renverſement de tous les principes de la certitude humaine. Tout tombe dans un cahos impénétrable, tous les liens de la ſociété ſont détruits & briſés, les ſciences-pratiques, celles qui ſont d'un plus grand uſage; l'hiſtoire, la politique, l'œconomie, la Géographie; la Marine, la Physique, l'Astronomie, la Médecine, la Jurisprudence ne sont plus qu'un amas confus de fables, de vaines opinions, d'illusions imaginaires. O que la révélation est solidement établie, puisqu'on ne peut la combattre, sans ébranler du même coup les fondemens de la société civile!

Que l'aveuglement de l'Incrédule est prodigieux! que ses égaremens sont effroyables! Quand une fois on a fermé les yeux à la lumière de la vérité, dans quel abîme ne se précipite-t-on pas! on ne respecte plus rien, on cherche à tout renverser pour couvrir ses premiers égaremens, & on accumule ainsi folie sur folie, extravagance sur extravagance.

« Rousseau n'avoit-il pas eu bien raison de nous dire au commencement de de ſon Ouvrage : » On croira moins » lire un traité d'éducation (*a*), que » les rêveries d'un viſionnaire ? « Et dans un autre endroit : » On rêve, » nous dit il (*b*), & on nous donne » gravement pour de la Philoſophie, » les rêves de quelques mauvaiſes » nuits. On me dira que je rêve auſſi, » j'en conviens ; mais ce que les au- » tres n'ont garde de faire, je donne » mes rêves pour des rêves, laiſſant » chercher aux Lecteurs s'ils ont » quelque choſe d'utile aux gens éveil- » lés «. Si Rouſſeau étoit bien perſua- dé qu'il ne nous débite que des rêves, qu'étoit-il néceſſaire qu'il les rendît publics ? Le monde a-t-il donc beſoin d'être inſtruit des rêves de ſes mau- vaiſes nuits ? Des rêves dans un trai- té d'éducation, dans un traité de Re-

(*a*) *Pag. 4 de la Préface.*
(*b*) *Tom. III, p. 272. Note.*

ligion ! Mais s'il ne dépendoit pas de Rousseau d'avoir de pareils rêves, ne dépendoit-il pas au moins de lui d'en sentir le ridicule & la folie ? » Je ne » vois pas comme les autres hom- » mes (*a*), continue t-il : il y a long- » temps qu'on me l'a reproché. Mais » dépend-il de moi de me donner » d'autres yeux, & de m'affecter d'au- » tres idées ? Non ; il dépend de moi » de ne point abonder dans mon sens, » de ne point croire être seul plus » sage que tout le monde, il dé- » pend de moi, non de changer de » sentiment, mais de me défier du » mien : voilà tout ce que je puis fai- » re & ce que je fais «. C'est pour se jouer de la crédulité des hommes, que Rousseau affecte un langage qui a quelque apparence de modestie. Quoi ! il ne dépend pas de Rousseau

(*a*) *Préface*, p. 4.

d'avoir les idées les plus ſimples du ſens commun ? il ne dépend pas de lui de penſer comme les hommes de tous les ſiécles ? Eſt-ce donc ne pas abonder en ſon ſens, & ſe défier de ſon ſentiment, que de prétendre détruire par ſa ſeule autorité, ce que les hommes ont toujours regardé comme le plus certain ? Ne faut-il pas enfin ſe croire plus ſage que tout le monde, pour oſer attaquer par des rêves d'une imagination creuſe, les idées, les ſentimens & les principes les plus conſtamment reçus parmi les Sages de tous les temps ? Rouſſeau eſt-il pardonnable dans ſon entrepriſe ? » Les maximes ſur leſquelles il eſt » d'un avis contraire à celui des au» tres (*a*), ne ſont point indifféren» tes, (c'eſt lui qui parle : ce ſont de » celles dont la vérité ou la fauſſeté

(*a*) *Préface*, p. 6.

» importe à connoître, & qui font le » bonheur ou le malheur du genre- » humain « ; & il veut qu'avec des rêves, le genre-humain se décide sur ce qui doit faire son bonheur ou son malheur. Il croit sans doute que tous les hommes rêvent comme lui, & que personne ne sera assez éveillé pour appercevoir l'illusion si grossière de ses rêves.

Toutes les preuves que nous venons de donner, démontrent invinciblement qu'il n'y a pas d'absurdité plus grande, que de soutenir avec Rousseau, qu'il ne faut croire que ce qu'on aura vu. Si la foi est nécessaire dans l'usage des choses humaines, combien plus le sera-t-elle dans les matières qui concernent la Religion ? Si nous sommes obligés de recevoir le témoignage des hommes dans tout ce qui appartient à la vie civile, quelle équité de refuser tant de témoignages si multipliés & si bien constatés, qui déposent en faveur de la Religion Chrétienne ?

C'est cette même société, sur la foi de laquelle on ne cesse d'agir avec la plus grande confiance, qui dépose en sa faveur. C'est elle qui nous atteste & qui nous garantit la vérité des faits de notre Religion, & des monumens qui les contiennent. Mais ce qui donne à tous ces faits le dernier dégré d'évidence, ce qui les met à l'abri de la censure la plus maligne ; ils n'ont jamais été contestés, ils ont toujours été reconnus par ceux mêmes qui avoient le plus d'intérêt d'en disputer la certitude. Celse, Porphyre, Julien, tous ceux qui ont combattu la Religion Chrétienne, tous ceux qui s'en sont séparés, ou qui ont formé des Sectes à part, aucun n'a jamais osé révoquer en doute l'existence de tous ces faits.

Ainsi, bien loin que l'éloignement de ces faits diminue rien de leur notoriété, il leur communique au contraire un nouveau relief, il leur donne un plus grand poids. Le consentement unanime & général de tant de générations consécutives qui n'a pu leur être refusé, forme en leur faveur la démonstration la plus complette. Quand je vois tous ces faits, encore récens, publiés par-tout depuis l'Orient jusqu'à l'Occident, par un nombre de témoins oculaires, qui portent avec eux tous les caractères de vérité & de sincérité : quand je vois qu'ils les soutiennent à la face de la Synagogue, si parfaitement instruite de tout & si intéressée à décéler l'imposture, s'il y en avoit eu : quand j'apperçois ces mêmes hommes atteſter ces faits devant tous les Tribunaux du monde payen, avec une fermeté & un courage que rien ne peut déconcerter; que ni Juif ni Gentil n'entreprennent d'en démentir la certitude, mais que tous au contraire la confirment & la rendent indubitable en attribuant ces faits à la magie : quelle lumière, quel dégré d'évidence & de conviction! Mais en pouſſant mon examen plus loin, quel ſujet d'admiration pour moi! quelle ſurabondance de preuves! Tous ces faits ſont reçus & révérés dans toutes les parties du monde alors connu, avant même la fin du ſiécle qui les a vu paroître. Ils forcent par leur évidence ceux mêmes qui s'étoient le plus révoltés contre eux, de les admettre : ils deviennent victorieux de toutes les paſſions, de tous les préjugés, & de toutes les oppoſitions. C'eſt la foi de tous ces faits qui réunit dans une même Religion un peuple immense répandu par-tout & qui s'accroît chaque jour. Pendant trois siécles de la plus cruelle persécution, ce peuple, sans d'autres intérêts que celui de la vérité, ne cesse de rendre des milliers de témoignages à tous ces faits, au milieu des plus horribles tourmens, des morts les plus affreuses. Ce peuple enfin devient victorieux de tous ses ennemis, & sa Religion s'éléve par-tout sur les débris du paganisme. Ce peuple, toujours subsistant depuis le moment de son origine, rend à la vérité de tous ces faits le témoignage le plus constant & le plus universel. Peut-il y avoir rien de plus autentique, de plus irréfragable & de plus certain? Un témoignage si suivi, toujours vivant depuis Jesus-Christ jusqu'à nous, ne nous rapproche-t-il pas par ſa continuité, du moment où ces merveilles ſe ſont paſſées? Ne nous les met-il pas en quelque ſorte ſous les yeux, comme ſi elles venoient de s'opérer parmi nous?

Rouſſeau n'a-t-il pas eu bien raiſon de nous dire, qu'il n'y a rien de mieux atteſté que tous ces faits? Di-» rons-nous-, répond-il à ſon Emile, » que l'hiſtoire de l'Evangile a été » inventée à plaiſir (*a*)? Mon ami, » ce n'eſt pas ainſi qu'on invente, & » les faits de Socrate, dont perſonne » ne doute, ſont moins atteſtés que » ceux de Jeſus-Chriſt. « Mais puiſque les faits de Jeſus-Chriſt ſont encore mieux atteſtés que ceux de Socrate, & puiſque perſonne ne doute de ces derniers, n'eſt-il pas de la dernière évidence, que perſonne ne doit auſſi douter de ceux de Jeſus-Chriſt?

(*a*) *Tome III, p.* 182.

Rousseau ne pourra répliquer à ce raisonnement, qu'en disant que quoique personne ne doute des faits de Socrate & d'autres semblables, ce n'est pas une preuve de la vérité de leur existence, & cela n'empêche pas qu'on ne puisse les regarder comme autant de fables. Mais nous avons déja vu l'extravagance d'une pareille réponse : celui qui nie des faits aussi certains, n'est digne que de la risée des personnes un peu sensées : *Unde si quis hoc neget, nec saltem refellitur, sed ridetur*. Augustinus.

Que Rousseau réprime donc enfin son inflexible obstination, & je ne sçais quelle insatiable cupidité d'étendre son nom en multipliant ses erreurs. Qu'il nous laisse suivre en paix l'autorité si décisive de cette multitude de témoignages, qu'il est forcé de reconnoître. Pour lui, qu'il rentre dans les ténébres dont il fait ses délices ; qu'il cesse de nous tendre des piéges pour nous enlever une vérité dont le nom lui sert de voile pour couvrir ses pernitieux desseins ; *Cohibe tandem pertinaciam , & nescio quam indomitam propagandi nominis libidinem ..... in latebras tuas redi , nec quidquam insidiare sub nomine veritatis , quam conaris eis adimere quibus autoritatem ipse concedis.* August.

Mais il faut encore entendre Rousseau dans son Dialogue entre un prétendu inspiré & un soi-disant raisonneur. L'inspiré objectant en sa faveur des changemens dans l'ordre de la nature , des miracles , des prodiges de toute espèce ; Rousseau , qui contrefait si mal le personnage d'un raisonneur , lui répond , comme nous avons déja vu : » Des prodiges (*a*),

(*a*) *Tom. III. p.* 155.

» des miracles! je n'ai jamais rien vu » de tout cela. D'autres l'ont vu pour » vous, reprend l'Inspiré. Des nuées » de témoins, le témoignage des peu» ples. Le témoignage des peuples, » est-il d'un ordre surnaturel, ré» plique gravement ce Raisonneur « ? Qui ne sentira tout l'artifice du sophisme de Rousseau ? Qui a jamais dit que le témoignage des peuples fût d'un ordre surnaturel ? Les miracles & les prodiges, voilà des preuves d'un ordre surnaturel ; mais le témoignage des peuples n'est autre chose qu'un sûr-garant de l'existence de ces preuves ; & quoique d'un ordre très-naturel, il ne permet pas, comme nous l'avons déja montré, de douter des faits qu'il atteste. C'est ainsi que dans l'ordre civil, les Loix du Prince ne sont pas du même ordre, que le témoignage de ceux qui attestent que la Loi est émanée du Prince : mais ce témoignage & ce consentement sont une preuve certaine de l'existence de la Loi. Ce n'est point proprement à ce témoignage que les hommes se soumettent ; mais c'est en conséquence de ce témoignage, qu'ils obéissent & acquiescent à la Loi.

Que Rousseau, ce soi-disant raisonneur, vienne ensuite nous dire : » Voyez à quoi se réduisent vos pré» tendues preuves surnaturelles (a), » vos miracles. A croire tout cela sur » la foi d'autrui, & à soumettre à » l'autorité des hommes l'autorité de » Dieu parlant à ma raison «. Quoi ! soumet-on l'autorité de Dieu à l'autorité des hommes, parce qu'on croit à ses miracles sur le rapport des hommes ? C'est toujours à l'autorité de Dieu que la raison se soumet, & le

(a) *Tom. III. p. 157.*

témoignage des hommes n'est que le *medium* de sa soumission ; & si la raison se rend à ce témoignage, c'est parce que l'autorité de Dieu, parlant à la raison, lui dicte qu'elle ne peut s'y refuser sans la combattre. Pour rendre ceci encore plus sensible, je demande à Rousseau s'il diroit qu'un homme qui de ses yeux voit des miracles, & qui s'y rend sur ce témoignage, soumet l'autorité de Dieu parlant à sa raison, à l'autorité de ses yeux. Il en est de même de ce qu'on croit sur la foi d'autrui. L'examen des autres nous tient lieu de celui que nos propres yeux n'ont pu faire, & nous n'accordons à leur autorité que ce que nous n'aurions pu refuser à la nôtre.

Rousseau, toujours plein de mauvaise foi, prétend qu'on ne doit avoir aucun égard à l'autorité du témoignage des hommes en faveur de la révélation, parce qu'il a pour fin d'établir des absurdités.

» Nous avons mis à part (*a*), dit-» il à son Eléve, toute autorité hu-» maine, & sans elle je ne sçaurois » voir comment un homme en peut » convaincre un autre en lui prêchant » une doctrine déraisonnable. Met-» tons un moment ces deux hommes » aux prises «. Voici comment il fait parler son Inspiré :

» La raison vous apprend que le » tout est plus grand que sa partie ; » mais moi je vous apprends de la » part de Dieu, que c'est la partie » qui est plus grande que le tout «. Peut-on marquer plus de passion, de mauvaise volonté, & d'envie de tromper ? Rousseau pourroit-il prendre un moyen plus propre pour persuader un

(*a*) *Tom. III. p*, 151.

Lecteur impartial, qu'il n'attaque que par des calomnies, des mensonges, d'injurieuses imputations? A qui fera-t-il croire que la révélation nous propose des absurdités aussi puériles & aussi grossières que celle dont il donne un exemple ? Il faut, en vérité, que nos Incrédules soient bien dénués de raisons, pour être obligés de recourir à de semblables impostures. On voit bien que Rousseau n'écrit que pour ces esprits superficiels, qui, déja séduits par la corruption de leurs cœurs, ne cherchent que de vains prétextes pour étouffer les foibles restes d'une lumière déja expirante. Nous défions Rousseau de nous montrer la moindre absurdité dans nos Livres saints, & nous nous engageons à lui prouver qu'ils ne donnent aucune atteinte aux vérités éternelles que notre esprit conçoit. Ils ne font au contraire

contraire que les étendre, les développer, & venger les outrages que l'esprit d'incrédulité ne cesse de leur faire.

Les miracles faits en faveur de la révélation suffiroient pour démontrer pleinement qu'elle ne peut contenir rien d'opposé à la saine raison. Rousseau vient de faire tous ses efforts pour en nier l'existence, sous prétexte qu'il ne les a pas vus. Il a bien senti qu'il ne pourroit tenir long-temps dans ce poste; & prévoyant qu'il en seroit bien-tôt chassé, il s'est réservé un dernier retranchement pour s'y réfugier. Il prétend donc qu'en supposant la vérité de nos miracles, nous n'en pouvons rien conclure pour la vérité de notre doctrine. Voici comment il s'y prend :

» Reste enfin, nous dit-il (*a*), l'e-

(*a*) *Tom. III. p.* 147.

» xamen le plus important dans la » doctrine annoncée : car puisque ceux » qui disent que Dieu fait ici bas des » miracles prétendent que le Dia- » ble les imite quelquefois, avec les » prodiges les mieux attestés nous » ne sommes pas plus avancés qu'au- » paravant ; & puisque les Magiciens » de Pharaon osoient, en présence » même de Moyse, faire les mêmes » signes qu'il faisoit par l'ordre exprès » de Dieu, pourquoi, dans son ab- » sence, n'eussent-ils pas, au même » titre, prétendu la même autorité ? » Ainsi donc, après avoir prouvé la » doctrine par le miracle, il faut prou- » ver le miracle par la doctrine, de » peur de prendre l'œuvre du Démon » pour l'œuvre de Dieu «. *Cela est formel en mille endroits de l'Ecriture*, ajoute Rousseau dans une Note.

Ce discours n'est appuyé que sur

des mensonges & de fausses suppositions. Il veut tourner nos propres armes contre nous-mêmes, en s'autorisant de l'Ecriture & des Théologiens. Mais, pour le confondre, je veux lui montrer par l'Ecriture & la Tradition, que tout vrai miracle, de cela seul qu'il est miracle, donne droit de conclure la vérité de la doctrine en faveur de laquelle il est opéré. Je lui prouverai que jamais ce qui est vraiment miracle, ne peut être joint à la fausseté ou à une mauvaise doctrine. Je le convaincrai que l'autorité des miracles est toujours indépendante des discussions de la doctrine & des circonstances qui l'accompagnent. En un mot, il va voir qu'aucun vrai miracle ne peut être employé pour détourner les hommes de la voie que Dieu leur auroit prescrite ; que si le Démon ne peut jamais faire de vrais miracles, Dieu peut encore moins en opérer qui ſoient joints à l'erreur, à deſſein de tenter les hommes, ou d'éprouver leur fidélité, & qu'enfin ils ſont toujours un témoignage autentique de l'approbation de Dieu, & une preuve certaine qu'on a pour ſoi la vérité & la juſtice. Telle eſt la doctrine que nous enſeignent d'un commun concert l'Ecriture, la Tradition & les Théologiens : il faut les venger de l'outrage que Rouſſeau leur fait.

Commençons par l'Ecriture. Le Seigneur apparoît à Moyſe ſur la montagne d'Horebe ; il veut l'envoyer en Egypte pour délivrer ſon Peuple de l'eſclavage ſous lequel il gémit depuis ſi long-temps. Moyſe s'excuſe d'exécuter la commiſſion de Dieu : ils ne me croiront pas, dit-il à Dieu ; mais ils diront : Le Seigneur ne vous a point apparu; *non apparuit tibi Dominus* (*a*).

Alors le Seigneur, pour convaincre Moyſe de ſa volonté, opère devant lui pluſieurs miracles, & lui donne le pouvoir de les renouveller devant les enfans d'Iſraël, afin qu'ils croient que le Seigneur le Dieu de leurs pères lui a certainement apparu; *ut credant, inquit, quod apparuerit tibi Dominus Deus*. Moyſe ſe ſoumet & part pour exécuter les ordres de Dieu. Il fait aſſembler tous les anciens des enfans d'Iſraël : Aaron leur rapporte tout ce que le Seigneur avoit dit à Moyſe; il opere des miracles devant le peuple; le peuple le croit, & tous ſe proſternent pour adorer Dieu dans ſes merveilles; *& fecit ſigna coram populo, & credidit populus.*

Si les vrais miracles n'étoient pas

(*a*) *Exod. c.* 3 *&* 4.

toujours une preuve certaine de la vérité, comment Dieu pourroit-il les donner à Moyse pour une marque évidente de la divinité de sa mission? Comment Moyse s'en seroit-il contenté, & auroit-il cru ne pouvoir plus douter de la divinité de celui qui lui parloit? Comment enfin les Israélites auroient-ils cru si promptement à la parole de Moyse, confirmée par des miracles? Les uns & les autres n'auroient pas manqué de représenter qu'une pareille preuve étoit fort équivoque & sujette à bien des illusions.

Moyse se présente devant Pharaon (*a*), il lui commande de la part de Dieu, de laisser aller le peuple Hébreu dans le désert, afin de lui sacrifier. Pour prouver sa mission, & persuader Pharaon, il opere devant

(*a*) *Ibid. c.* 7 *& suiv.*

lui plusieurs prodiges. Le cœur de Pharaon s'endurcit, il refuse d'obéir, il n'ajoute aucune foi aux miracles de Moyse. Qu'arrive-t-il? Lui, son Peuple & ses Etats sont frappés d'une multitude de plaies pour punir son incrédulité & pour convaincre son entêtement. Mais quoi! si les miracles ne sont pas décisifs par eux-mêmes, s'ils peuvent être joints à la fausseté, si le Démon en peut faire, quel est le crime de Pharaon & des Egyptiens? Comment méritoient-ils de pareils châtimens? Toutes les circonstances n'étoient-elles pas pour eux? Ils refusoient de renvoyer les Israélites malgré les miracles de Moyse; mais n'agissoient-ils pas prudemment, & leur résistance n'étoit-elle pas raisonnable, si les miracles opérés par Moyse n'étoient point par eux-mêmes un signe indubitable de la vérité de ce qu'il avançoit ? La raison ne nous ordonne de nous rendre qu'à ce qui porte avec soi un caractère certain de vérité. Il faut donc que les miracles que Dieu avoit opérés par Moyse, fussent une preuve infaillible & incontestable de sa volonté, pour que les Egyptiens fussent coupables de ne s'y être pas rendus. Ainsi, par une juste conséquence, les terribles châtimens que Dieu exerce sur eux, nous montrent & nous apprennent que les vrais miracles forment une décision si sûre, qu'on ne peut lui résister sans combattre Dieu même.

Moyse sort de l'Egypte avec les Israélites, il les conduit dans le désert, selon l'ordre qu'il en avoit reçu ; Dieu multiplie encore les miracles en leur faveur ; une nuée les couvre pendant le jour, une colomne toute éclatante les éclaire pendant la nuit; poursuivis par les Egyptiens, la Mer s'ouvre devant eux, ses eaux séparées leur laissent un passage libre. L'Egyptien prend la même route, Moyse étend la main sur les eaux, elles se précipitent avec leur impétuosité naturelle, Pharaon & toute son armée sont engloutis dans les abîmes. Depuis ce moment Dieu ne cesse d'opérer des merveilles par le ministere de Moyse : le détail en seroit trop long.

Cependant les Israélites, toujours ingrats, toujours rebelles, murmurent à tout instant contre Moyse, toujours prêts à se soulever contre lui, ne témoignant que des regrets amers pour leur ancienne servitude. Jusqu'à quand, dit le Seigneur à Moyse, ce peuple m'irritera-t-il par ses outrages? jusqu'à quand refusera-t-il de croire en moi, après tous les miracles que j'ai faits sous ses yeux ? *Quousque non credent mihi in omnibus signis quæ feci coram eis* (*a*) ? Tous ces hommes qui ont vu l'éclat de ma gloire, qui ont été témoins des merveilles que j'ai faites, & qui, loin d'obéir à ma voix, m'ont tenté par dix fois ; je jure par moi-même, qu'ils ne verront point la terre que j'ai promise avec serment à leurs pères. . . . .

Il faut que les vrais miracles soient bien décisifs par eux-mêmes ; qu'ils soient toujours un témoignage sûr & autentique de l'approbation de Dieu, & qu'on ne puisse résister à leur voix, sans désobéir à celle de Dieu ! Autrement, comment Dieu pourroit-il être irrité du refus que les Israélites ont fait de s'y soumettre ? Comment pourroit-il prononcer un arrêt si terrible contre leur incrédulité ? Si les

(*a*) Num. 14.

vrais miracles ſont des ſignes équivoques de la volonté de Dieu & de ſes ordres, s'ils peuvent être joints à la fauſſeté, ſi le Diable en peut faire, les Iſraélites n'auroient-ils pas eu une excuſe bien légitime ? Eſt-il certain, auroient-ils pu dire, que Dieu ſoit auteur de ces prodiges ? & quand il le ſeroit, ne pourrions-nous pas encore douter de leur fin & de leur deſtination ? N'aurions-nous pas droit de craindre qu'ils ne fuſſent opérés pour nous tenter, ſonder nos cœurs & éprouver notre fidélité ? Mais ils n'eurent garde de tenir un pareil langage ; ils reconnurent le tort qu'ils avoient eu de réſiſter à des preuves ſi convainquantes. La vengeance ſi ſévere que Dieu exerça contre eux, démontre ſans réplique le faux de ces vains prétextes ; elle ſera à jamais un monument invincible de l'autorité irréfragable des miracles ; elle publie encore hautement ce que doivent attendre ceux qui oſent les combattre ou les rejetter.

Rappellons ici quelques autres faits qui, réunis aux précédens, formeront la preuve la plus complette. A peine Elie a-t-il reſſuſcité le fils de la veuve de Sarepta, que cette tendre mère éplorée, s'écrie dans la joie de ſon cœur : Je connois maintenant que vous êtes un homme envoyé de Dieu, & que la parole du Seigneur qui eſt dans votre bouche, eſt la vérité. *Nunc in iſto cognovi quoniam vir Dei es tu, & verbum Domini in ore tuo verum eſt* (*a*).

Naaman n'eſt pas plutôt guéri de ſa lépre (*b*), qu'il reconnoît à cette merveille & ſans autre examen, qu'il

(*a*) *Lib. III. Reg.* 17.
(*b*) *Lib. IV. Reg.* 5.

n'y a point d'autre Dieu dans toute la terre, que celui qui est dans Israël. Il déclare dès-lors au Prophete, qu'il ne veut plus adorer d'autre Dieu que celui dont sa guérison miraculeuse lui a fait reconnoître la divinité.

Dès que le Peuple d'Israël eut vu tomber le feu du Ciel sur le sacrifice d'Elie *(a)*, convaincu par une preuve si décisive, tous ses doutes se dissiperent, il s'écria aussi-tôt : C'est le Seigneur qui est le vrai Dieu ; c'est le Seigneur qui est le vrai Dieu ; & les Prophetes de Baal furent à l'instant exterminés.

Telle est l'impression que les vrais miracles ont toujours faite : telle est la force & l'autorité qu'ils ont eue dans tous les temps : tel est l'effet qu'ils ont toujours produit par eux-mêmes & indépendamment de tou-

(a) *Lib. III. Reg.* 18.

te circonſtance. Dès que leur voix s'eſt fait entendre, les hommes n'ont rien demandé de plus pour ſe ſoumettre à ce qu'ils autoriſoient. Si quelquefois ils ont refuſé de ſe rendre à leur témoignage, ce n'eſt qu'en ſe faiſant violence, qu'en réſiſtant par la force de leurs paſſions & l'aveuglement de leurs préjugés à l'impreſſion naturelle que les miracles ne manquoient pas de faire ſur eux. Pourſuivons cette tradition de faits, & nous en verrons bien-tôt un exemple frappant.

Jeſus-Chriſt paroît au milieu des Juifs, il ouvre ſa miſſion par une multitude de prodiges éclatans, il ſe déclare l'Envoyé de Dieu, ſon propre Fils, celui qui avoit été l'objet des ſoupirs des Saints de tous les tems, celui dont les Prophetes avoient été ſi occupés. Il ne prétend pas qu'on le croie ſur ſa parole : mais, pour prouver ce qu'il avance, il opère des miracles ſans nombre, il fait entendre les ſourds, parler les muets, il rend la vue aux aveugles, redreſſe les boiteux, guérit les paralytiques, & pour tout dire en un mot, il fait ſortir les morts de leurs tombeaux : & quelles guériſons n'opère-t-il pas ! C'eſt à ces preuves qu'il veut être cru, c'eſt à ces traits qu'il veut qu'on le reconnoiſſe.

Jean envoie à Jeſus-Chriſt deux de ſes Diſciples (*a*) pour lui demander s'il eſt le Meſſie. Que leur répond-il? Allez dire à Jean ce que vous avez vu : les aveugles voient, les boiteux marchent, les lépreux ſont guéris, les ſourds entendent, les morts reſſuſcitent.

On préſente à Jeſus-Chriſt un poſ-

(*a*) *Matth.* 11.

ſédé aveugle & muet; il le guérit ſi parfaitement, qu'il parle & voit. Les Phariſiens, pour étouffer l'impreſſion que fait cette merveille ſur le peuple, prétendent que Jeſus-Chriſt ne chaſſe les Démons que par la vertu de Béelzebut. J. C. leur démontre qu'il ne peut chaſſer Satan par la vertu de Satan, parce que Satan ne peut être diviſé contre lui-même. Après avoir établi que ce ne pouvoit être que par l'Eſprit & le doigt de Dieu qu'il chaſſoit les Démons, il en tire cette conſéquence naturelle : Si je chaſſe les Démons par le doigt de Dieu, vous devez donc croire que le Royaume de Dieu eſt parvenu juſqu'à vous. Il n'y a point de milieu, point de moyens d'héſiter ſur la fin du miracle que j'opère, il ne peut venir que de Dieu, & par conſéquent il prouve clairement que le Royaume de Dieu eſt

est venu jusqu'à vous, parce qu'il ne peut être destiné qu'à l'établir. *Si in digito Dei ejicio Dæmonia, profectò pervenit in vos Regnum Dei* (*a*).

Un paralytique est apporté à Jesus-Christ; il lui dit : Mon fils, ayez confiance, vos péchés vous sont remis. Les Pharisiens accusent Jesus de blasphême. Jesus-Christ, pour leur montrer la fausseté de leur accusation, leur dit : Afin que vous ne puissiez douter que le Fils de l'homme a le pouvoir sur la terre de remettre les péchés; levez-vous, ajoute-t-il au paralytique, je vous le commande, emportez votre lit & allez dans votre maison. Aussi-tôt le paralytique se léve, prend son lit, & s'en retourne chez lui en glorifiant Dieu. Jesus-Christ regardoit donc la merveille qu'il opère ici, comme une preuve certai-

(*a*) *Luc.* 11.

ne & décisive du pouvoir qu'on lui contestoit. Le vrai miracle ne peut donc avoir le Diable pour auteur, il ne peut donc être joint à l'erreur & à la fausseté, puisque sa nature & sa fin sont de dissiper tous les doutes, de terminer toutes les contestations. S'il pouvoit être fait pour autoriser l'erreur, il ne prouveroit rien par lui-même, il ne décideroit rien, & il laisseroit subsister tous les doutes. Tel est aussi le jugement que tous les spectateurs portèrent du miracle de Jesus-Christ. Dès qu'il fut opéré, sans demander rien de plus, de l'indignation tous passerent à l'admiration, & saisis d'un grand étonnement, ils rendirent gloire à Dieu, personne n'eut rien à opposer ; & dans le transport de leur reconnoissance, ils s'écrièrent : Nous avons vu aujourd'hui des choses prodigieuses, nous n'avons jamais rien vu de ſemblable. Voilà l'effet naturel que les vrais miracles ont coutume de produire : telle eſt la conviction qu'ils portent ordinairement dans les eſprits, même les plus prévenus.

Enfin, pour abréger la multitude des preuves que je pourrois rapporter, toutes les fois que Jeſus-Chriſt eſt accuſé, calomnié, outragé par les Juifs, il les renvoie toujours à ſes miracles, comme à la preuve la plus complette de la divinité de ſa miſſion & de la vérité de ſa doctrine, comme à l'apologie la plus parfaite de toutes les accuſations qu'on formoit contre lui. Les œuvres que je fais, leur dit-il, rendent témoignage de moi ; ſi vous ne voulez pas me croire, croyez au moins à mes œuvres. Il déclare aux Juifs, que s'il n'avoit pas fait parmi eux toutes ces merveilles, ils ne ſeroient pas coupables, & n'auroient pas commis de péché en refuſant de croire en lui. Par conſéquent les vrais miracles n'ont jamais que Dieu pour principe, n'ont jamais pour fin que d'établir la vérité : autrement ceux de Jeſus-Chriſt n'euſſent été qu'une preuve équivoque, & les Juifs n'euſſent pas été plus coupables de n'y point croire, qu'ils ne l'auroient été ſi Jeſus-Chriſt n'en eût point opéré.

Où ſont ces milliers de paſſages de l'Ecriture que Rouſſeau prétend nous oppoſer ? Après des textes auſſi formels que ceux que nous venons de citer, nous ſommes aſſurément diſpenſés d'entrer dans la diſcuſſion de ces prétendus paſſages. Nos Ecritures ne ſe contrediſent pas auſſi groſſièrement ; elles ſont toutes appuyées & fondées ſur l'autorité des miracles ; la Religion qu'elles établiſſent a auſſi le même fondement : comment ces mêmes Ecritures pourroient-elles travailler à le détruire ? Nous avons déja répondu au texte du Deutéronome, que Rouſſeau cite en ſa faveur, & nous avons montré qu'il n'eſt point queſtion de vrai miracle en cet endroit. Comment en effet l'Ecriture pourroit-elle ſuppoſer qu'un Prophete des faux Dieux fît de vrais miracles pour attirer les peuples à l'idolatrie, elle qui défie en cent endroits tous les faux Dieux d'en opérer ; elle qui leur promet ſi ſouvent qu'on les reconnoîtra pour des Dieux, s'ils ſont aſſez puiſſans pour produire de vrais miracles ?

Si, parmi les Juifs, les Phariſiens & les Docteurs attribuent au Démon les merveilles que Jeſus-Chriſt opère au milieu d'eux, quoiqu'ils n'oſent jamais ſoutenir que Dieu les opère pour les tenter & éprouver leur fidélité ; qui ne voit que l'aveuglement, la passion, l'esprit de vengeance, & leur haine implacable contre Jesus-Christ, sont l'origine & la cause d'une si mauvaise défaite ? Le Peuple plus droit & plus sincère, ne cesse d'admirer les miracles du Sauveur & d'y reconnoître la toute-puissance de Dieu : s'il n'eût enfin été séduit & trompé par ses Maîtres, il fût demeuré constamment attaché aux miracles de Jesus Christ. Les Pharisiens & les Docteurs de la Loi, seuls auteurs de tout le mal, montrent clairement par toute leur conduite, que l'amour du vrai n'a aucune part dans leur décision. D'abord ils se partagent : un nombre d'entr'eux ne peut souffrir qu'on donne au Diable les miracles de Jesus. Quoi, disent-ils, le Démon peut-il ouvrir les yeux des aveugles ? *Numquid Dæmonium poteſt cæcorum oculos aperire* (*a*) ? Comment un méchant homme, un impoſteur peut il opérer de ſemblables prodiges ? Et ils étoient ainſi diviſés entr'eux. *Quomodo poteſt homo peccator hæc ſigna facere ? & ſchiſma erat inter eos.* Enfin, s'ils s'accordent à rejetter les miracles de Jeſus-Chriſt, il eſt clair qu'ils ne le font qu'en ſacrifiant toutes leurs lumières à des vues baſſes d'intérêt & de jalouſie. » Que faiſons-nous, s'écrient-ils ? » cet homme opère beaucoup de miracles (*b*) : ſi nous le laiſſons faire, » tous croiront en lui : les Romains » viendront, ils ruineront notre Ville » & notre Nation «. Après un pareil aveu, peut-on douter des motifs qui animent & déterminent ces faux Sa-

(*a*) *Joan.* 10, v. 21.
(*b*) *Ibid. c.* 11.

ges ? N'est-il pas visible que sans eux, toute la Judée eût rendu de Jesus-Christ l'hommage qu'il méritoit ? Ils ont prononcé leur condamnation, en reconnoissant que l'éclat & la force des miracles de Jesus-Christ étoit capable d'attirer tout le monde à lui, & de le faire regarder comme le Messie.

Que Rousseau consulte l'idée que les hommes ont eue dans tous les temps des vrais miracles ; il verra qu'il ne peut soutenir son système, sans *rejetter cet accord évident & universel de toutes les Nations* ; sans se soulever contre *l'éclatante uniformité du jugement des hommes* (*a*), qu'il regarde cependant comme la lumière la plus sûre & le guide le plus infaillible. A peine les Apôtres ont-ils ouvert leur mission, que déja la vive impression

(*a*) *Tom. III, pag.* 108.

de leurs miracles leur attire une foule de Disciples. Les habitans de Lydde & de Saronne, à la vue de la guérison d'un paralytique, embrassent aussi-tôt l'Evangile. Les miracles que Philippe opère à Samarie, y soumettent à la foi une multitude d'habitans. Tous écoutent avec une même ardeur les discours de Philippe, voyant les miracles qu'il faisoit : *Videntes signa quæ faciebat.* Simon même le Magicien est si frappé de ces miracles & de ces prodiges, qu'il en est tout hors de lui : *Stupens admirabatur*, & qu'il embrasse la foi. Il faut donc que ce Magicien, avec tous les secrets de son art, avec tous les secours du Démon, ne put rien faire de comparable à ce qu'il voyoit, & qui en approchât, puisqu'il est saisi d'un si grand étonnement. Le Proconsul Sergius Paulus, frappé de l'aveuglement subit du Magicien Elymas, croit dès-lors à Jesus-Christ. Paul & Barnabé étant venus à Lystre, ils rendent à un boiteux de naissance qui n'avoit jamais marché, l'usage de ses jambes ; le peuple, étonné de cette merveille, s'écrie d'une même voix : Ce sont des Dieux qui sont descendus à nous sous une forme humaine, & l'on veut sur le champ leur offrir des sacrifices. Telle est l'idée simple & naturelle que tous les hommes ont des miracles ; ils sont intimement persuadés qu'il n'y a que le vrai Dieu qui puisse les opérer ; & comme les habitans de Lystre reconnoissoient pour Dieux ceux qui ne l'étoient pas, ils leur attribuent aussi-tôt le prodige dont ils sont témoins.

C'est par la vertu des miracles, & la juste conséquence que les peuples en ont tirée, que les Apôtres ont porté si loin la connoissance du vrai Dieu. J'ai rempli (*a*), dit l'Apôtre S. Paul, de la connoissance de l'Evangile cette grande étendue de pays, qui est depuis Jérusalem jusqu'à l'Illirie, par la force & l'éclat des miracles & des prodiges que Dieu m'a donné d'y opérer. A la vue de ces merveilles, chacun est persuadé qu'il n'y a que le vrai Dieu qui puisse en être l'auteur, & donner aux Apôtres le pouvoir de les opérer ; on ne peut s'empêcher de les regarder comme une preuve certaine de tout ce qu'annoncent les Apôtres ; on est convaincu que leur doctrine est vraie, parce que les miracles qui l'autorisent ne peuvent être joints à la fausseté, confirmer l'erreur & le mensonge.

Si les Démons, qui étoient les

(*a*) *Rom.* 15.

Dieux des Payens, avoient jamais opéré des merveilles semblables à celles des Apôtres, ou si on eût cru qu'ils en pussent opérer, auroit-on été si étonné, si frappé des miracles qu'on voyoit faire aux Apôtres ? Si on eût pensé que de pareils effets pouvoient être joints à une fausse doctrine, pouvoient être opérés pour tenter les hommes & les séduire, s'y seroit-on rendu avec une facilité si prompte & si subite ? Quelle impression les miracles des Apôtres auroient-ils faite ? N'auroit-on pas demandé à examiner la doctrine ? N'auroit-on pas dit que toutes les circonstances étant si contraires à ces nouveaux venus ; le culte qu'ils prétendoient abolir, si ancien, si invétéré, il falloit un long & mûr examen avant de se rendre à leur Prédication ? Mais non : les Apôtres prêchent, les miracles sont leurs preuves, leurs titres & leurs garants; dès-lors on n'hésite plus à se rendre à leur voix; on renonce à ses Dieux, à ses passions; on sacrifie ses biens, sa vie même pour suivre la doctrine des Apôtres. Tant il est vrai que les hommes ont toujours été parfaitement convaincus que les vrais miracles sont une preuve évidente & certaine de vérité, que le Diable n'en peut faire, & qu'ils ne peuvent jamais être joints à la fausseté.

Que nos incrédules qui, pour tâcher d'obscurcir la lumière & l'éclat des miracles de l'Evangile, vont chercher dans les ténèbres quelques exemples sans autorité, comparent ici, s'ils le veulent, les prétendus miracles d'un Apollonius de Thyane avec ceux des Apôtres de Jesus-Christ. Sans entrer dans la discussion des vains prestiges & des illusions de cet impoſteur, qui n'ont encore pour garant aucun Auteur digne de foi, comme dit fort bien S. Auguſtin, jugeons de la différence des œuvres d'Apollonius d'avec celles des Apôtres, par la différence de leurs effets.

Ce Philoſophe prêche en même-temps que les Apôtres, il combat & contredit les myſtères qu'ils annoncent, il débite une morale parfaitement conforme aux inclinations des Payens; tandis que les Apôtres n'annoncent que croix, que ſouffrances, que mortifications, que renoncement à ſoi-même. La doctrine d'Apollonius n'a rien qui ſoit capable de déconcerter la raiſon des Payens; tout eſt aſſorti à leurs idées : les Apôtres, au contraire, propoſent à croire un Dieu en trois Perſonnes; ils prêchent un Dieu crucifié, vraie folie pour les Gentils; en un mot, ils exigent la foi de plusieurs mystères auxquels la raison même la plus éclairée de la lumière naturelle ne pouvoit rien comprendre. Qu'arrive-t il ? Apollonius est laissé, méprisé, l'illusion de ses vains prestiges est dissipée par l'éclat & la force des miracles si divins des Apôtres. Tout le monde suit ceux-ci, embrasse leur doctrine ; & Apollonius ne peut faire que quelques Disciples qui survivent à peine à leur Maître. Peut-on demander une plus grande preuve de la divinité des miracles des Apôtres, & de la fausseté de ceux d'Apollonius ?

Tous ceux que nos Incrédules pourroient citer, sont de la même nature ; ou ce sont autant de fables dont les Payens eux-mêmes se jouoient & se moquoient, ou des prestiges qui n'ont rien qui approche des effets vraiment miraculeux : *Nequaquam virtute ac ma-*

gnitudine conferenda. Aug. Ce sont, dit Tite-Live lui-même, des faits embellis par les fictions des Poëtes, & qui ne sont fondés sur aucun monument autentique & accrédité, des faits controuvés pour tromper la crédulité des hommes simples & superstitieux, ou de faux prodiges que le même Auteur nomme *ludibria oculorum auriumque, credita pro veris;* c'est-à-dire, des tours d'adresse, qui, faisant une illusion grossière aux sens, leur font prendre pour vrai ce qui n'en a qu'une fausse apparence.

Marius Maximus, Auteur fort exact, cité par Spartien, dit, en parlant des prétendus miracles attribués à Adrien, que ce ne sont que des fictions de l'imposture & du mensonge : *Hæc per simulationem facta.* Les Payens n'ont jamais osé soutenir que leurs Dieux les eussent guéris autrement

ment que par le ſecours de la Médecine. Julien l'Apoſtat ne ſe glorifie pas d'avoir été guéri d'une autre manière. Eſculape, dit cet Empereur, m'a ſouvent rendu la ſanté en m'indicant des remédes : *Me ſæpius ægrotum ſanavit Eſculapius, indicatis remediis* (a). Qu'y a-t-il en cela de merveilleux & digne d'admiration ? N'eſt-ce pas ainſi que les Médecins guériſſent ? & de pareilles guériſons peuvent-elles être comparées à celles que Jeſus-Chriſt & ſes Apôtres ont opérées ? Qu'ont jamais fait de pareil tous les Dieux enſemble du Paganiſme ? Les Poëtes eux mêmes ſont forcés de reconnoître que tous leurs Dieux ne peuvent délivrer des approches de la mort, même leurs meilleurs amis, lorſque la Parque vient à couper la trame de leurs jours. Tous ces témoi-

(a) *Apud S. Cyrillum.*

gnages, ſans compter ceux que nous pourrions ici accumuler, ſi le lieu le permettoit, démontrent invinciblement que l'antiquité même profane, n'a pas cru que les Démons, qui étoient ſes Dieux, euſſent jamais fait ni pu faire aucun vrai miracle.

Il me reſte à démontrer à Rouſſeau, que les défenſeurs de la Religion Chrétienne, qui ont ſoutenu que Dieu opéroit des miracles en ſa faveur, n'ont point penſé, ou qu'il en fît auſſi du côté de l'erreur, ou qu'il donnât pouvoir au Démon d'en opérer de ſemblables. Il me faudroit un volume entier, ſi je voulois rapporter ici tous les témoignages de la tradition de nos pères, qui ont conſtamment & univerſellement enſeigné que les vrais miracles ſont l'apanage incommunicable de la vérité; qu'elle ſeule peut ſe glorifier de ce titre; qu'il eſt toujours la marque qui ſert à la diſtinguer, à la faire reconnoître dans tous les temps d'obſcurciſſement; que c'eſt par cette voie que Dieu décide du haut du Ciel entre les différentes opinions qui ſe combattent, & qu'il ne peut jamais, ſans ſe contredire lui-même, rendre un pareil témoignage à la fauſſeté & au menſonge, ni donner pouvoir au Démon de le produire en ſa faveur.

Nous avons déja vu que tous les Apologiſtes de notre Religion ont défié tous les Payens d'oppoſer un ſeul miracle à ceux qu'ils leur objectoient. Ils ont ſommé tous leurs Dieux de faire, avec le ſecours de la magie, tous leurs enchantemens, tous leurs vers myſtérieux, rien qui approchât de ces effets ſi merveilleux que Jeſus-Chriſt avoit produits ſans aucun moyen extérieur, mais par la ſeule vertu toute-puissante de sa parole. Quoi donc, dit Arnobe, quelqu'un, transporté de fureur & de colère, me répondra-t-il : Ce Christ que vous adorez, est Dieu ! comment pourriez-vous nous le prouver ? On ne peut, réplique Arnobe, en donner une preuve plus décisive que les œuvres qu'il a faites, que les merveilles si inouies qu'il a opérées. Mais, dira-t-on peut-être encore : Votre Christ n'étoit qu'un Magicien, & toutes ces œuvres que vous nous vantez, n'ont été produites que par les secrets de son art. Que dites-vous, reprend Arnobe, insensés qui blasphémez ce que vous ignorez ? Quoi donc ! toutes ces œuvres & ces merveilles n'ont été que des prestiges des Démons & des jeux de la magie ? Pouvez-vous nous citer quelqu'un de tous ces Magiciens qui ont jamais existé, qui ait opéré la moindre partie de ce que Jesus-Christ a fait? Pouvez-vous, esprits incrédules, durs & inflexibles, pouvez-vous nous produire un seul homme à qui Jupiter même ait communiqué le pouvoir, je ne dirai pas de ressusciter les morts, de rendre la vue aux aveugles, de rétablir les membres paralytiques ou brisés; mais de guérir seulement une petite enflure, une peau enlevée, en n'employant que la parole ou le seul attouchement?

Nos Apologistes ont été bien plus loin. Ils ont déclaré aux Payens qu'ils consentoient à reconnoître leurs Dieux pour de vrais Dieux, s'ils pouvoient prouver qu'ils eussent jamais rendu la vue à des aveugles, fait marcher des boiteux, ressuscité des morts, ou opéré quelque chose de semblable. Si le fils de Coronis, dit S. Cyrille à Julien, a fait quelque chose de divin, s'il a rendu la vue aux aveugles, s'il a ressuscité les morts, s'il a fait marcher les boiteux, il est juste que nous augmentions nous-mêmes le nombre de ses admirateurs: *Æquum est ut & nostra ad eum accedat admiratio.* Qu'il falloit donc que nos Apologistes fussent bien persuadés que les Démons ne peuvent jamais faire aucun vrai miracle, & que Dieu peut encore moins en opérer en leur faveur, pour oser proposer aux Payens un pareil défi! Qu'il falloit encore que ceux ci sentissent bien leur impuissance, pour n'avoir jamais osé l'accepter!

Les Juifs d'Antioche, pour attirer les Chrétiens dans leurs Synagogues, se vantoient qu'il s'y opéroit des miracles de guérison. Saint Chrysostôme, voulut prévenir son peuple contre tous ces piéges & ces illuſions. Il lui prouva dans pluſieurs diſcours, que les Synagogues des Juifs n'étoient plus que des demeures de Satan, & que Satan n'avoit pas le pouvoir de guérir nos maladies : ils peuvent nous tendre des embûches, dit ce ſaint Docteur, & nous nuire, mais jamais nous guérir : *Dæmones inſidiari ſciunt ac nocere, non mederi.* Après en avoir donné pluſieurs preuves, il conclut que tout ce que rapportoient les Juifs, n'étoient que des contes & des fables : *Ridicula hæc & fabulæ.*

Le même ſaint Docteur ſe propoſe ailleurs dans toute ſon étendue, l'objection que nous fait Rouſſeau. Comment, demande t-il, la parole que les Apôtres nous ont prêchée, a-t-elle été confirmée ? Qui nous aſſurera qu'ils ne nous en ont point impoſé ? Cette objection, répond le ſaint Doςteur, eſt détruite par le témoignage que Dieu leur a rendu, par les merveilles & les prodiges qu'il a opérés en leur faveur : car s'ils nous euſſent trompé dans le rapport qu'ils nous ont fait, Dieu certainement ne leur auroit jamais rendu témoignage par ces ſignes & ces prodiges : *Neque enim ſi finxiſſent, Deus illis teſtimonium tuliſſet* (*a*). Ainſi ce n'eſt point par témérité & légéreté que nous avons cru, mais l'autorité des miracles nous a déterminé. Ce n'eſt point aux hommes que nous avons ajouté foi, mais à Dieu même qui s'eſt rendu caution de la vérité de leurs paroles ; *Non illis credimus, ſed Deo.*

On auroit pu encore objecter au ſaint Docteur, que ſi Dieu ne peut faire de vrais miracles en faveur d'un impoſteur, ou pour autoriſer une fauſſe

(*a*) *Chryſt. in Epiſt. ad Hebr. c.* 11. *Hom.* 3.

doctrine, le Démon peut au moins en opérer à cette fin ; & par conséquent, qu'avec les prodiges les mieux attestés, nous ne sommes pas plus avancés qu'auparavant. S. Chrysostôme, prévenant l'objection, établit que tout ce que les Démons peuvent faire, ne sauroit être mis en parallèle avec les vrais miracles, tout ce qu'ils produisent n'étant que foiblesse, qu'impuissance toujours sans fruit & sans solidité : *Illa enim non sunt virtus & potentia, sed imbecillitas, sed phantasia & res vacuæ ac inanes.* Ce grand Docteur pouvoit-il nous déclarer plus nettement que Dieu ne peut faire des miracles pour autoriser l'erreur ? qu'il ne peut y en avoir de vrais joints à la fausseté, & que le Démon n'a jamais le pouvoir d'en opérer ?

Telle a été la doctrine de nos pères dans tous les temps. Si les bornes de cet Ouvrage me le permettoient, je ferois ici une tradition suivie de leurs témoignages : mais on sent bien que je m'écarterois trop de mon objet. C'est une vérité si fermement établie dans l'Eglise Chrétienne, qu'une œuvre, qu'une doctrine prouvée par les miracles, n'a plus besoin d'autre preuve pour être reçue, parce qu'elle est dès-lors nécessairement vraie & émanée de Dieu; que dans tous les tems, dans tous les conflicts arrivés sur la Religion, on a toujours appellé au jugement des miracles, & on les a toujours regardés comme la preuve la plus décisive & la plus triomphante.

Nous avons déja vu que le Prophete Elie offrit aux Prophetes de Baal cette voie pour terminer leur différend. Ils eurent la témérité de l'accepter; tous leurs efforts, leurs cris redoublés, leurs incisions & toutes leurs instances n'obtinrent rien ; leur Dieu étoit trop impuissant pour les exaucer, & le Dieu d'Elie étoit trop vrai, trop jaloux de sa gloire, pour la communiquer à des imposteurs, sous prétexte de tenter ses serviteurs & d'éprouver leur fidélité. Elie seul obtint le miracle qu'il demandoit ; la vérité triompha, & le mensonge fut confondu avec ses partisans. Exemple mémorable de ce qui est arrivé dans tous les temps. A peine Jesus-Christ a-t-il été mis à mort, à peine est-il ressuscité, à peine les Apôtres ont-ils reçu le Saint-Esprit, que les Juifs sont dépouillés de toutes les marques de divinité que portoit auparavant leur Religion ; tout est transféré à la Religion Chrétienne, comme à l'unique véritable : on ne voit plus chez eux aucun vrai miracle, jamais ils n'ont pu réussir à en montrer la moindre trace, malgré tous les défis que nos Apologistes leur ont faits si souvent. Dès le commencement de l'Eglise, plusieurs Hérétiques se sont élevés pour la combattre & corrompre sa foi. Saint Irenée, parmi les raisons qu'il apporte pour confondre leurs erreurs, leur objecte qu'ils ne peuvent opérer aucun miracle pour les confirmer. Il leur soutient que tout n'est chez eux que fraudes, artifices, impostures; qu'ils ne sauroient guérir les malades, rendre la vue aux aveugles, ressusciter les morts, tandis qu'on voyoit encore toutes ces merveilles s'opérer dans le sein & par les prières de l'Eglise. Tertullien, réfutant les Hérétiques de son temps, emploie contre eux le même argument. Je veux, dit ce Docteur, parler ici de leurs prodiges; mais je trouve que leur plus grand miracle, c'est de se donner pour Apôtres, en faisant tout le contraire de ceux qu'ils prétendent imiter : car les Apôtres rendoient la vie aux morts, & pour ceux-ci ils donnent la mort aux vivans : *Illi de mortuis suscitabant, isti de vivis mortuos faciunt.*

Dans toutes les contestations survenues depuis, toujours la vérité s'est vue autorisée des miracles; toujours ils ont décidé en sa faveur, jamais l'erreur n'a pu s'en prévaloir. C'est par les miracles que les défenseurs de la divinité de Jesus-Christ confondent les Ariens; c'est à cette preuve si convaincante, qu'un grand nombre de ceux qui les avoient suivis, abandonnerent leur parti. Dieu, disent-ils, ne peut déposer en faveur de l'erreur : les Défenseurs de la consubstantialité du Verbe opèrent de vrais miracles : donc la vérité est de leur côté; donc il faut s'y ranger. Les Monothélites offrent, dans le troisiéme Concile de Constantinople, de prouver la vérité de ce qu'ils soutiennent par un miracle ; personne n'hésite d'accepter le défi. Les Pères, persuadés que le Diable n'a pas le pouvoir d'en faire, & qu'il n'est pas possible que Dieu en opère qui soient joints à la fausseté, consentent aussi-tôt à la proposition. On apporte un mort, un Moine Monothélite met sur lui sa profession de foi, il s'épuise en prières pendant plusieurs heures ; mais le mort ne ressuscite point. Pouvoit-il se faire, en effet, disent les Pères, qu'un blasphémateur opérât des miracles ?

C'est encore par l'autorité des miracles, que les Défenseurs du culte des saintes Reliques ont confondu ceux qui osoient le combattre. Les miracles que Dieu opéroit par elles, étoient pour eux l'argument le plus victorieux. Dieu opère des miracles par les Reliques, disoient-ils, par conséquent leur culte est saint, juste & légitime, puisque Dieu l'approuve & le confirme par des miracles. Ceux qui ont combattu pour les Images contre les Iconoclastes, se sont servis de la même preuve pour les réfuter : ils la regardoient même comme la plus puissante & la plus décisive qu'on pût apporter.

Enfin, dans les derniers temps, l'Eglise Catholique a fait usage du même moyen de défense contre les Hérétiques qui se sont élevés. Dans le Concile de Bâle, on somme les Bohémiens de prouver, s'ils le peuvent, leur doctrine par des miracles ; on leur promet de l'adopter, s'ils peuvent en opérer. Mais jamais, ajoute-t-on, ils ne pourront y réussir ; parce que la Vérité suprême, à qui seule appartient de faire des miracles, ne peut jamais rendre témoignage à la fausseté. Aussi aucun de ces Hérétiques ne fut assez hardi pour oser accepter le défi. Nos Théologiens ont fait la même sommation à Luther & à Calvin; ils leur ont demandé des miracles pour autoriser la mission qu'ils s'arrogeoient; & jamais ils n'ont pu en produire aucun, quoiqu'ils en sentissent le besoin, & qu'ils pussent en tirer de grands avantages.

Nous venons de montrer à Rousseau, comme nous le lui avions promis, que les vrais miracles ont toujours été regardés comme le partage incommunicable de la vérité & de la vraie Religion : nous lui avons fait voir que jamais les Sectes qui s'en sont séparées, n'ont pu produire aucun vrai miracle qui autorisât leurs erreurs; que

que dans tous les temps & tous les lieux on les a sommées d'en opérer, si elles le pouvoient, & que toujours leurs efforts & leurs tentatives ont été sans succès. Qu'il falloit qu'on fût bien persuadé dans l'Eglise Catholique, que les miracles sont toujours & dans toutes les circonstances, une preuve indubitable de la vérité d'une doctrine, puisqu'on a offert plusieurs fois à ceux qui soutenoient des erreurs très-certaines, de les prouver par des miracles, avec promesse de les adopter, s'ils le faisoient! On croyoit donc bien fermement que le père du mensonge ne peut opérer rien de tel par ses suppôts, & que Dieu ne peut aussi accorder à l'erreur un pareil témoignage.

Où sont donc *ceux qui, disant que Dieu fait ici-bas des miracles, prétendent que le Diable les imite quelque-*

fois? Rousseau, toujours hardi à avancer tout ce qui peut fournir quelques prétextes à son incrédulité, toujours prêt à en imposer à ses lecteurs, s'imagine sans doute qu'on doit le croire sur sa parole?

Que ce téméraire, qui calomnie si injustement les défenseurs de l'autorité des vrais miracles, apprenne de saint Thomas l'injure qu'on fait à Dieu, en soutenant que le Démon peut aussi opérer de vrais miracles. Il va voir que c'est retomber d'une autre manière dans l'impiété de l'idolatrie. Il s'est trouvé, dit le saint Docteur, des hommes grossiers, qui tantôt ont attribué à la créature ce qui ne peut lui convenir, & tantôt ont ravi à Dieu ce qu'on ne peut enlever à la Divinité sans la détruire. Les uns ont donné la dignité de première cause à un être imparfait & essentiellement dépendant, comme le feu, l'air, l'eau, le soleil, les étoiles : les autres ont transféré au bois & à la pierre le nom saint & incommunicable : ceux-là se précipitent dans la même erreur, qui attribuent à une autre cause qu'à Dieu même, la connoissance des choses futures, ou l'opération des miracles : *Incommunicabile nomen lignis & lapidibus imposuerunt : in hunc errorem labuntur, qui . . . . futurorum cognitionem, vel miraculorum operationem aliis causis quàm Deo ascribunt* (a).

Le même saint Docteur prévenant tous les subterfuges de l'Incrédule, soutient aussi en plusieurs endroits, qu'il est impossible que celui qui annonce une fausse doctrine, fasse de vrais miracles ; qui ne peuvent avoir que Dieu pour auteur ; parce qu'alors Dieu rendroit témoignage à la faus-

(a) *Lib.* 2. *cont. Gent. c.* 3.

ſeté, ce qui ne peut abſolument arriver.

C'eſt à ces vérités que M. l'Evêque de Nantes a rendu témoignage au nom de tous les Théologiens. » Tous les Théologiens, dit cet Evê- » que dans un de ſes Mandemens, » conviennent unanimement que, ſans » autre examen, tout miracle qui » combat dans un ſeul point la foi de » l'Egliſe, eſt un faux miracle. La rai- » ſon en eſt évidente, parce que Dieu » ne peut ſe contredire lui-même, » *ſeipſum negare non poteſt.* Or il ſe » contrediroit ouvertement, ſi, par » un vrai miracle il atteſtoit comme » une vérité ce qui ſeroit contradictoi- » re à une autre vérité «.

Telle eſt la doctrine conſtante & uniforme de ceux qui prétendent que Dieu fait ici-bas des miracles. Tous les Apologiſtes de la Religion Chrétienne ont tenu le même langage. L'Auteur de la Religion prouvée par les faits, insiste avec raison sur cette doctrine qu'on ne peut attaquer qu'en ébranlant les fondemens de la révélation. » Il est impossible, dit-il, que » Dieu emploie sa puissance ou qu'il » en permette l'usage contre lui-même. Rien n'est plus évident. Or je » dis qu'il seroit auteur de ce désordre, s'il faisoit ou s'il permettoit » des miracles qui combattissent la vérité connue : car la fin principale » des miracles est de servir de témoignage à la vérité, & la vérité ne » peut se combattre elle-même. Donc » si Dieu faisoit ou s'il permettoit des » miracles opposés à la vérité, ces » miracles se tourneroient contre lui, » & ses attributs agiroient contre d'autres attributs, sa puissance contre » sa véracité, ce qui est visiblement

» absurde : donc il est impossible que » Dieu fasse des miracles protecteurs » du mensonge «.

Un célebre Prédicateur, dans ses Discours sur la vérité de la Religion, répete la même doctrine. » Il n'a pas » été dit : Croyez au miracle (Pascal) comme il est dit : Croyez à » l'Eglise ; parce que le premier est » naturel, & non pas l'autre. Or est-» il convenable que Dieu se serve » quelquefois, pour établir l'erreur, » de ce même moyen qu'il a choisi » pour la confondre ? Ne seroit-ce pas » en Dieu le oui & le non « ?

Le grand Pascal, le fléau des Incrédules, ce génie si sublime & si pénétrant, qui sera à jamais la confusion de nos prétendus esprits forts, étoit bien éloigné de penser que le Démon pût opérer de vrais miracles, ou qu'ils pussent être joints à la fausſeté. Il ſoutient que les miracles, bien loin d'être inutiles, ſont au contraire le fondement de la vérité, & qu'ils en ſont une preuve certaine. Il établit que, non-ſeulement Dieu ne peut faire des miracles en faveur d'un homme qui cacheroit une mauvaiſe doctrine, mais qu'il ne peut même permettre qu'il s'en faſſe de faux du côté de l'erreur, à moins qu'il ne réclame par la vérité des ſiens. De ces principes ſi lumineux, il conclut avec raiſon que les miracles ont ſervi à la fondation de l'Egliſe, & qu'ils ſerviront à ſa continuation juſqu'à la fin.

Dans ces derniers temps, nous avons vu cette doctrine toujours la même, enſeignée & ſoutenue en Sorbonne, & les Théologiens les plus éclairés y ont tous applaudi. » Ni le » Démon (diſoit M. Thierri, Pro-

» fesseur, Vice-gérent de l'Officialité » & Censeur des Livres) ni le Dé» mon, ni aucun homme, ne peu» vent, par aucune vertu, faire de » vrais miracles pour confirmer l'er» reur; parce que Dieu ayant établi » les miracles pour être un signe & » un témoignage de la vérité, quel» que grande que soit la puissance du » Démon : cet ordre établi de Dieu » une fois supposé, on conçoit que la » divine Providence ne peut pas per» mettre qu'il se fasse un miracle pour » appuyer l'erreur «.

C'est en faveur de cette doctrine si précieuse, que vient de déposer la Censure de Sorbonne contre l'ouvrage de Rousseau. » Admettre, dit cette » Censure, les faits miraculeux qu'on » apporte en preuve de la Religion » Chrétienne, & prétendre en mê» me-temps qu'ils ne prouvent rien,

» c'eſt attaquer la Providence, la puiſ-
» ſance & la véracité de Dieu. Point
» d'effets ſenſibles plus propres à frap-
» per l'eſprit & à atteſter la volonté
» de Dieu, que les miracles. L'expé-
» rience l'a démontré. Otez-leur la
» force de prouver, vous enlevez à
» Dieu même tout moyen de mani-
» feſter au-dehors ſa volonté par une
» révélation utile au genre-humain,
» & que les hommes puiſſent recon-
» noître. Les faits miraculeux qui ſont
» arrivés depuis le commencement du
» monde, ſont tous en faveur de la
» Religion que nous profeſſons; elle
» eſt donc vraie. Si vous refuſez d'ad-
» mettre cette conſéquence, com-
» ment accorderez-vous ce refus avec
» la perſuaſion que la Providence de
» Dieu s'étend à tout, & qu'il ne
» peut nous tromper? . . . . L'erreur
» des hommes qui, par une impreſſion

» naturelle, ont toujours été portés à
» regarder les miracles comme le ſceau
» de la Divinité, retomberoit ſur
» Dieu même, & ils pourroient dire
» juſtement : *Seigneur, ſi nous nous*
» *trompons, c'eſt vous-même qui nous*
» *trompez* «.

Fondé ſur ces principes, M. de Beaumont, Archevêque de Paris, dit avec raiſon, dans un Mandement :
» C'eſt un artifice des Incrédules de
» nos jours, de vouloir affoiblir en
» détail chaque preuve de la vérité de
» notre Foi, pour en conclurre que
» toutes les preuves réunies ſont auſſi
» impuiſſantes que chacune en parti-
» culier. Les prophéties répandent
» ſur les miracles un éclat de lumiè-
» re, que les miracles prêtent à leur
» tour aux prophéties. Mais cette liai-
» ſon que Dieu lui-même a miſe en-
» tre les différentes preuves de ſa Re-

» ligion, n'empêche pas que chacune » d'elles séparément n'ait par elle-même » me toute la force nécessaire pour en » établir la vérité «. Ce Prélat combat ceux qui osent prétendre que les vrais miracles sont équivoques, & qui osent les comparer aux prétendus miracles des Démons. Enfin il ajoute avec autant de raison : » Tous les Pères » de l'Eglise, & après eux tous les » Théologiens Catholiques, ont tou- » jours opposé avec succès aux enne- » mis de la Religion, le nombre in- » fini de guérisons que Jesus-Christ » avoit opérées par cette vertu fé- » conde & puissante, dont le princi- » pe étoit en lui-même.

Lorsque Rousseau nous dit : » Puis- » que les Magiciens de Pharaon o- » soient, en présence même de Moy- » se, faire les mêmes signes qu'il fai- » soit par l'ordre exprès de Dieu,

» pourquoi, dans son absence, n'eussent-ils pas au même titre prétendu » la même autorité? «. Peut-on faire une supposition plus fausse & plus chimérique? Sur quel fondement est-elle appuyée? Pourra-t-il nous citer un seul exemple, un seul fait qui serve à l'autoriser? Non, jamais il ne trouvera que Dieu ait permis au Démon de faux miracles, qu'il n'ait opposé la vérité des siens pour le confondre. Si Dieu permet aux Magiciens de Pharaon de faire quelques prestiges, c'est pour donner plus d'éclat au triomphe de Moyse. S'il les laisse combattre contre son serviteur, c'est pour le faire vaincre avec plus de gloire : *Magi Pharaonis facere quædam mira permissi sunt, ut mirabiliùs vincerentur.* (Aug.) Moyse les frappe ensuite d'ulcères effroyables, ils n'osent plus reparoître devant lui; toute leur sagesse est confondue, toutes leurs illusions sont dissipées ; ils ne peuvent, avec tout leur art, secourir l'Egypte, ni se défendre eux-mêmes des terribles fléaux dont Dieu la punit. Voilà un exemple de ce qui arrivera, lorsque Dieu voudra permettre au Démon de produire des prestiges d'erreur & de mensonge.

Mais, quand on accorderoit à Rousseau toutes ces fausses suppositions, ne faudroit-il pas encore combattre toutes les lumières de la raison, pour douter si les miracles, qui prouvent la Religion Chrétienne, ont Dieu pour auteur ? Quoi ! ne portent-ils pas tous les caractères les plus éclatans de la Divinité ? Quelle a été leur fin ? Quelle a été leur destination ? Le renversement de l'idolatrie & de toutes les abominations qui l'accompagnoient, l'extirpation du culte des

Démons, la destruction du tyrannique empire qu'ils exerçoient sur les hommes, l'extinction de toutes les erreurs qui inondoient la terre, la victoire sur toutes les passions qui asservissoient l'homme en le dégradant ; & sur toutes ces ruines, l'établissement de la morale la plus sainte, la plus pure qu'on pût jamais imaginer. Après des traits si frappans, si décisifs, l'Incrédule demande encore, si le Démon n'auroit point opéré les miracles qui confirment la Religion Chrétienne ?

Qu'on améne devant vos Tribunaux, disoit Tertullien au Sénat Romain, qu'on améne un homme qu'on sçache certainement possédé du Démon ; qu'un Chrétien, quel qu'il soit, lui commande de parler, il confessera avec autant de vérité devant lui qu'il est un Démon, qu'il a coutume de dire fauſſement devant les autres, qu'il eſt un Dieu. Qu'on faſſe venir auſſi quelqu'un de ceux que vous dites être poſſédés de quelque Dieu ; qui ſe ſoit rempli de l'eſprit qui l'agite à la fumée des ſacrifices, & qui profére ſes oracles par des ſanglots entre-coupés. Si la Déeſſe Céleſtis, qui prédit la pluie ; ſi Eſculape, l'auteur de la Médecine, ſi tous ces Dieux ne confeſſent pas qu'ils ſont des Démons, parce qu'ils n'oſent mentir à un Chrétien, répandez ſur le lieu même le ſang de ce Chrétien impudent. Puis-je, pourſuit Tertullien, vous donner une preuve plus évidente, plus certaine, où la vérité éclate avec plus de ſimplicité ? Elle y paroſt dans toute ſa force, elle eſt ici à l'abri de tous les ſoupçons ; vous ne pourrez certainement dire que c'eſt-là un effet de la magie ; vous ne pourrez y ſoupçonner ni impoſture, ni fourberie : *Quid iſto opere manifeſtiùs ? Quid hac probatione fideliùs ? ...... Nihil ſuſpicari licebit magiæ, aut aliqua ejuſmodi fallacia fieri.* Mais que pourroit-on oppoſer à une vérité ſi claire & ſi manifeſte ? Par ce moyen, non-ſeulement vos Dieux vous découvrent eux-mêmes, que ni eux ni tous les autres ne ſont pas des Dieux, mais ils vous font encore reconnoître par la même voie celui qui eſt le véritable Dieu. Qu'ils diſent ce qu'eſt Jeſus-Chriſt & toute ſon hiſtoire, s'il eſt ſeulement un homme comme les autres, ſi ce n'eſt qu'un Magicien ; ſi, après ſa mort, ſon corps a été enlevé du tombeau, s'il eſt encore au rang des morts. Oſeront-ils nier qu'il ſoit dans les Cieux, qu'il en doit deſcendre un jour, & remplir tous les hommes, excepté les vrais

vrais Chrétiens, d'effroi & de terreur ; parce qu'il est la puissance de Dieu, sa sagesse, sa parole & son Fils ? Qu'au moins, s'ils le peuvent, ils se justifient de leur ignominie & de leur condamnation ; & qu'ils soutiennent qu'ils ne sont pas des esprits impurs qui, à cause de leur malice, doivent subir toutes les rigueurs du jugement avec leurs sectateurs.

Ils sentent le pouvoir & l'autorité que nous avons sur eux, en prononçant le seul nom du Christ : ils le craignent & sont soumis à ses serviteurs. Aussi, au moindre attouchement, au moindre souffle, dès que nous leur ordonnons, vous les voyez sortir des corps tout confus, pleins de rage & de désespoir. Vous donc qui les croyez lorsqu'ils mentent, croyez-les aussi lorsqu'ils disent la vérité. On ne ment point à son désavantage, mais pour ſon profit, & l'on croit volontiers ceux qui ſont des aveux contraires à leurs intérêts. Ce ſont ces témoignages que les Dieux rendent d'eux-mêmes, qui ont coutume de faire des Chrétiens : nous ne pouvons y ajouter foi, ſans croire en même-temps à Jeſus-Chriſt ; ils établiſſent la vérité de nos Ecritures, & démontrent la certitude de notre eſpérance.

Fin de la Seconde Partie.

L'Approbation & le Privilége se trouvent à la fin de la Troisiéme Partie.

www.ingramcontent.com/pod-product-compliance
Lightning Source LLC
LaVergne TN
LVHW020550230826
846091LV00002B/433

* 9 7 8 2 3 2 9 4 6 2 8 6 8 *